Tucholsky
Wagner
Zola
Scott
Fonatne Sydow
Freud
Schlegel

Turgenev
Wallace

Twain
Walther von der Vogelweide
Fouqué
Friedrich II. von Preußen

Weber
Freiligrath
Frey

Fechner
Fichte
Weiße Rose
von Fallersleben
Kant
Ernst
Richthofen
Frommel

Hölderlin

Fehrs
Engels
Fielding
Eichendorff
Tacitus
Dumas

Faber
Flaubert

Feuerbach
Maximilian I. von Habsburg
Fock
Eliasberg
Eliot
Zweig
Ebner Eschenbach

Ewald
Vergil

Goethe
Elisabeth von Österreich
London

Mendelssohn
Balzac
Shakespeare
Dostojewski
Ganghofer

Lichtenberg
Rathenau
Doyle
Gjellerup

Trackl
Stevenson
Hambruch

Tolstoi
Droste-Hülshoff

Mommsen
Lenz

Thoma
von Arnim
Hanrieder

Dach
Verne
Hägele
Hauff
Humboldt

Reuter

Karrillon
Rousseau
Hagen
Hauptmann
Gautier

Garschin

Damaschke
Defoe
Hebbel
Baudelaire

Descartes

Hegel
Kussmaul
Herder

Wolfram von Eschenbach
Dickens
Schopenhauer

Bronner
Darwin
Melville
Grimm Jerome
Rilke
George

Bebel

Campe
Horváth
Aristoteles
Proust

Bismarck
Vigny
Barlach
Voltaire
Federer
Herodot

Gengenbach
Heine

Storm
Casanova
Tersteegen
Grillparzer
Georgy

Chamberlain
Lessing
Langbein
Gilm

Gryphius

Brentano
Lafontaine

Strachwitz
Claudius
Schiller
Kralik
Iffland
Sokrates

Bellamy
Schilling

Katharina II. von Rußland
Gerstäcker
Raabe
Gibbon
Tschechow

Löns
Hesse
Hoffmann
Gogol
Wilde
Vulpius

Gleim

Luther
Heym
Hofmannsthal
Klee Hölty
Morgenstern
Goedicke

Roth
Heyse
Klopstock
Kleist

Luxemburg
Puschkin
Homer
Mörike

La Roche
Horaz
Musil

Machiavelli
Kierkegaard
Kraft
Kraus

Navarra Aurel
Musset
Kind
Moltke

Nestroy
Marie de France
Lamprecht
Kirchhoff
Hugo

Laotse
Ipsen
Liebknecht

Nietzsche
Nansen
Ringelnatz

Marx
Lassalle
Gorki
Klett

von Ossietzky
Leibniz

May
vom Stein
Lawrence
Irving

Petalozzi
Platon
Knigge

Sachs
Pückler
Michelangelo
Kock
Kafka

Poe
Liebermann
Korolenko

de Sade
Praetorius
Mistral
Zetkin

Ein Weib ein Wort

Kleine Fragmente für Denkerinnen

Marianne Ehrmann

Impressum

Autor: Marianne Ehrmann
Umschlagkonzept: toepferschumann, Berlin

Verlag: tredition GmbH, Hamburg
ISBN: 978-3-8424-8928-8
Printed in Germany

Text der Originalausgabe

Marianne Ehrmann

Ein Weib ein Wort

Kleine Fragmente für Denkerinnen

1789

Vorerinnerung

Der Beifall, mit welchem die Leserinnen der Frauenzimmerzeitung mein in dieselbe gelieferte kleine *Fragmente für Denkerinnen* beehrt haben, muntert mich auf, der Bitte meiner Freunde nachzugeben und die ganze Sammlung meiner bei verschiedener Laune und bei verschiedenen Vorfällen hingeworfenen Gedanken den Lekturfreundinnen vorzulegen.

Meine Freunde, die mich zu diesem Schritte beredeten, mögen es verantworten, wenn die Herren Kritiker sich über die Freimütigkeit entrüsten, mit der ich diese Gedanken niederschrieb.

Das Bewußtseyn meines Herzens wird mich übrigens für alle schiefe Urtheile schadlos halten. Meine Absicht war gut.

Es ist mir leid, wenn ich über manche Gegenstände anders denke als andere. Es ist nun so! – Ich will meine Grundsäzze Niemanden aufdringen. Finden sie nur *hie und da* ein offnes Herz – so bin ich hinreichend belohnt.

Verf. d. Ph. e. W.

Kleine Fragmente Für Denkerinnen

Von
Der Frau Verfasserinn der Philosophie eines Weibs

Warum nützt das Lesen so vielen Frauenzimmern so wenig? – Weil sie selten so lesen, wie sie lesen sollten, weil sie meistens nur das benutzen, was ihren Lieblingsleidenschaften schmeichelt, weil die wenigsten Leserinnen bei dieser Beschäftigung denken; weil sie oft gar nicht wissen, was sie lesen.

Ueberhaupt die Kunst, gut und mit Nutzen zu lesen, ist nur denen eigen, die denken, und die Kunst zu denken nur denen, die empfinden und richtig beurtheilen.

Der Gatte eines hirnlosen Weibs bleibt ihr gewiß nicht länger treu, als bis er ihrer äußerlichen Reize gewöhnt ist, – oder bis ihn Langweile und Ueberdruß mit Gewalt von ihr reißen.

Die Kunst, Männer Herzen zu erobern ist fast allgemein; aber die Kunst sie zu erhalten äußerst selten.

Weh den Männern die sich mit blos äußerlichen Reizen vermählen, der Tod der Liebe folgt ihrer Verbindung auf den Fuß nach. An was soll sich der Mann halten, wenn ihm seine Gattin ein leeres Herz übrigläßt?

Nur selten erblickt man einen Mann, der sich mit Schwäzzereien abgiebt, aber noch seltener ein Weib, das sich nicht damit abgiebt.

Die dümmsten lasterhaften Menschen sind gewöhnlich auch die unduldsamsten.

So viel ist es gewiß, so fehlerhaft auch das weibliche Geschlecht seyn mag; so ist es doch zur Besserung weit geneigter, weit weicher, als das männliche – Ei warum denn? – Weil sich die Männer gar zu gerne fehlerfrei dünken, und dies blos, weil sie Männer sind. – Ihre aufgeblasene Eigenliebe malt ihnen Riesenstärke vor. Wir haben doch auch Augen ihr Herren!!!

Der muntere Wiz eines nicht schönen Mädchens reißt in Gesellschaften schnell tausend Herzen hin – Die stumme Schönheit hingegen wirkt nur auf ihre Oberfläche.

Erzeugt das Zölibat nicht heimliche Sünden? – Wer es zu halten im Stande ist, muß von der Natur abgestreift worden seyn, um ihren Zorn zu fühlen.

Das Zölibat ist weiter nichts, als ein privilegirter Menschenmord. – Wer gab den Menschen das Recht die Natur und die herrlichsten Geschenke des Schöpfers zu unterdrüken?

Die Mädchen, die sich zu viel auf ihren schwächern Gliederbau zu gute thun, sind so unerträgliche Winslerinnen, daß sie mit Recht das Gespött der Männer verdienen.

Beständig in der Freundschaft ist nur der, – der sie ohne Absicht geknüpft hat; – Beständig in Liebe nur der, – der andere mehr als sich selbst liebt.

Das Herz, das sich für Gattenliebe verschließen muß, ist blos ein wurmstichiger Fleischbrokken vor welchem dem Denker ekelt.

Eitelkeit ist nur zu oft der Beweis weniger Vernunft. Und nicht selten die Wirkung der Langeweile, oder des Mangels an Nachdenken.

So mannigfaltig die Künsten einer Kokette sind, eben so mannigfaltig sind die Künsten einer alten Bethschwester, womit sie sich in den Himmel hinein buhlen will.

Frömmelei ist der Zufluchtsort aller Schurken und Schurkinnen; wenn sie die schwache Menschheit betrügen wollen, so stekken sie sich hinter diese Maske.

Das, was die Menschen gewöhnlich Liebe heißen, ist nicht Liebe, sondern das Werk ihrer Sinnen, oder der Wiederhall ihrer Eigenliebe.

Armuth ist so unergründlich, daß derjenige, so am meisten darunter leidet, am wenigsten entdekt wird. Nicht der öffentliche Bettler ist arm, aber der, der sich schämt, es zu scheinen.

Es ist keine kleine Kunst zu geben, wenn man geben und wie man geben soll. – Wer den Unglüklichen mit seiner Gabe beschämt, der giebt nichts.

Sind das nicht elende schwachköpfige, geistlose Geschöpfe, die den Magen zum unumschränkten Herrn ihrer lüsternen Wünsche machen?

Freimüthigkeit, wird im gesellschaftlichen Leben nicht selten äußerst mißbraucht. – Oft wird einer zum groben Flegel, und nennt es dann Freimüthigkeit.

Ueber allgemeine Dinge freimüthig sprechen, die keinen persönlichen Bezug haben, ist jedem offenen Kopfe erlaubt. Aber dummdreist Gegenstände angreifen, die den Anwesenden oder Abwesenden beleidigen können, gränzt an boshafte Freimüthigkeit.

Versicherungen auf Ehre sind in unsern Zeiten so gewöhnlich, daß dem ehrlichen Manne keine Sprache mehr übrig bleibt, um sich vom Schurken zu unterscheiden.

Nichts entschlüpft der weiblichen Zunge leichter, als etwas über andere, was man gewiß von sich selbst nicht gerne hören würde – und wenn es auch nur die kleinste unserer Schwachheiten beträfe.

In einer Gesellschaft von zwölf Personen, darf man kühn achte davon zur verläumderischen Parthie, zwei zur achselzükkerischen, und zwei, wenns Glük gut will, zur menschenfreundlichen rechnen.

Sind es nicht unsere unbezähmten Leidenschaften, die uns eine Menge Schiksale zuziehen? Und am Ende murren wir schwache von der Eigenliebe verblendeten Menschen noch gar über ein Loos, das seinen Ursprung in uns selbst hat!

Männer, wenn ihr gute Weiber haben wollt, so werdet zu erst gute Männer. – Weiber, wenn ihr gute Männer haben wollt, so werdet zu erst gute Weiber.

Beide Geschlechter sind einander eben so unentbehrlich wie Schatten und Licht. – Hört auf über einander zu brummen ihr Unzufriedenen, es ist so recht, wie es ist.

Hm! Hm! – Das ist doch wunderseltsam; immer wirft ein Geschlecht dem andern seine Fehler vor – Ist dies nicht der wahre Beweis, daß keines von beiden so fehlerfrei ist, als sie behaupten wollen?

Die Männer nennen uns Frauenzimmer männlich, wenn wir uns im Denken, in der Festigkeit des Karakters in vorurtheilfreien

Grundsäzzen, kurz, in jeder männlichen Tugend von dem weiblichen Geschlecht auszeichnen. – Dem ungeachtet liegt es in ihrer Natur eben über diesen Punkt zu spotten – Um Vergebung ihr Herren, ist ein männliches Weib, nicht weit erträglicher, als ein weibischer Mann?

Frauenzimmer sind eigentlich, nach dem härtesten Männersinn nur zur häuslichen Arbeit verwiesen. Wenn sich aber ihr Geist in müßigen Stunden bis zur denkenden Beschäftigung empor zu schwingen weis; dann gefällt es den Herren der Schöpfung doch, sobald sie in ihren Weibern nicht bloße Maschinen umarmen.

Wenn einige Männer über die geistigen Beschäftigungen der Frauenzimmer beißende Anmerkungen machen; so thun sie es gewiß bloß aus Vorurtheil, aus Neid, aus Herrschsucht, oder aus Mißtrauen; indem sie von uns keine gute Stunden-Eintheilung erwarten. Freilich gehört Wirthschaft zu den Hauptbeschäftigungen, aber Seelenbildung steht ihr zur Seite.

Vernünftige Frauenzimmer theilen ihre Stunden ein, wiedmen einige der Erziehung, der Wirthschaft der Gatten-Zärtlichkeit – und des Geistes Nahrung.

Leider giebt es Frauenzimmer, die ihre Arbeiten so unordentlich an einander reihen, daß sie bei all ihrer sauern Beschäftigung am Ende doch nichts Ganzes herausbringen können. Warum? weil sie jede Unternehmung gedankenlos treiben, denn so mechanisch die Wirthschaftsgeschäfte immer seyn mögen; so erfordern sie doch allezeit Gegenwart des Geistes, Ueberlegung, Kopf. – Eine undenkende Hausfrau bleibt ewig eine schlechte Wirthin. Und doch schreien einige Bigotten so laut über die moralische Bildung der Mädchen! Lehrt doch euere Weiber zu erst denken und urtheilen; dann folgt die Kenntniß der Wirthschaft ganz natürlich von selbst nach. Vernunft leuchtet überall hin, ohne sie bleiben die Frauenzimmer Mägde, deren Nase nicht weiter reicht, als es ihre niedrige Denkungsart erlaubt.

Geistige und körperliche Arbeit ist allen Menschen nützlich; folglich auch dem Frauenzimmer. Ohne sie darbt der Mensch an Leib und Seele. Sie allein erhält beide in demjenigen Wohlstande, der ihnen von der Vorsehung zur Wohlthat mitgetheilt wurde.

Wer ein auszehrendes Seelenfieber in seiner qualvollen Gräßlichkeit erblicken will, der beobachte einen Müßiggänger.

Gutgewählte Arbeit bleibt immer die Lieblingsbeschäftigung einer Denkerinn. Putz-Tändeleien gehören nicht hieher. Ohne Beschäftigung stumpft sich auch der feuerigste Geist ab. – Langweile macht frühe zum Grabe hinwelken. Wie erbarmenswürdig muß nicht der Zustand jener Frauenzimmer seyn, die nichts denken, nichts arbeiten wollen? – Wer die Arbeit nicht liebt, lebt nur halb, tödtender Eckel verbreitet sich über ein solches Pflanzenleben. – So bald dem thätigen menschlichen Geist die gehörige Beschäftigung versagt wird; so eilt er aus Langweile schnell zu denjenigen Leidenschaften über, die sich ihm ohne den Müßiggang nie genaht haben würden.

Artigkeit, gefälliges Wesen scheint ganz die Bestimmung des sanften weiblichen Geschlechts zu seyn. – Nur muß diese Artigkeit nicht in überflüßige Komplimenten ausarten – in Komplimenten, die einen Zweiten in die gröste Verlegenheit setzen, seine Zunge zu Danksagungen so oft auffodern, daß sie eintrocknen möchte. Doch dies ist meistens nur die Beschäftigung für Klosterzöglinge, oder steifer – Bürgerinnen.

Zur wahren Artigkeit gehört Seelenbildung – Menschenkenntniß – Erfahrung – gesunde Beurtheilungskraft. Ohne diese Triebfedern bleiben die meisten Frauenzimmer ewig steife Puppen, die alles, was sie umgiebt, gähnen machen.

Ueberhaupt erhielten die meisten Frauenzimmer von der lieben Natur Anlage zum Wiz. Er bedarf nur durch eine moralische Bildung jener guten Wendung, daß er nicht auf anderer Unkosten emporragt. So sehr auch die Männer in gewißen Launen über unser schwaches Geschlecht die Nase rümpfen; so müßen sie doch bisweilen ihren Nakken willig den Hieben eines wizzigen Frauenzimmers darbieten. Ach daß Gott erbarm! über die schwerfälligen Mannsleute, die erst zu denken anfangen, wenn wir sie schon übertroffen haben!

Zwischen munterm Wiz, beißender Spötterei, reizender Munterkeit und zügelloser Frechheit herrscht ein mächtiger Unterschied. Viele Frauenzimmer verfallen auf diese Extreme, und dies blos aus Mangel an gutem Umgange. Mütter sperrt eure Töchter nicht zu scharf ein, wenn ihr dem Uebel ausweichen wollt, das nach der Hand in Gesellschaften ihrer wartet.

Ein gebildetes Frauenzimmer verbreitet in jeder Gesellschaft neues Leben. Sie allein ist es die den Denker zum Entzükken hinreißt, den Weichling beschämt, den Thoren auslacht. – In unserm Jahrhundert fordert man von uns mehr, als bloßes sinnloses Geschwäz, taktmäßige Etikette oder heuchlerische Ziererei.

Die Kunst sich in Gesellschaften beliebt zu machen, verstehen nur wenige Frauenzimmer. Ihre Eigenliebe, ihre Eitelkeit macht sie die Nachsicht gegen andere vergessen. Nichts ist in einer Gesellschaft unduldsamer als ein ungebildetes Frauenzimmer, überall bleibt ihr Neid kleben, um über Dinge zu spötteln die ihren Horizont übertreffen. Daher die Lieblingsbeschäftigung der Weiber, das Machtwort – die Verläumdung.

Aufmerksamkeit auf alles, was um uns her vorgehet, leitet zum Nachdenken, liefert uns Stoff zur Menschenkenntniß, erweitert unsere Gefühle, beschäftigt die Einbildungskraft, dient zur Unterhaltung, macht uns zu wahren Menschen.

Aufmerksamkeit auf andere ist in so fern gut, wenn man durch sie Tugenden erblicken will; doch nur zu oft dient sie bloß dazu, um Schwächere zu tadeln.

Verstellung wird dem Aufrichtigen eben so schwer, als dem Lasterhaften die Rückkehr zur Tugend.

Aufrichtigkeit, wenn sie nicht an alberne Schwazhaftigkeit gränzt, ist eine der ersten Tugenden, fähig, ein Herz vor Fehlern zu bewahren, deren es sich zu schämen hätte. Für gute Menschen ist es härter, ihre Herzen zu verschließen, als es für Heuchler ist, die ihrigen ohne Maske zu zeigen.

Der Aufrichtige wird immer zum voraus zehenmal betrogen, ehe er es nur dahin bringt, sein zutrauliches Herz zum Mißtrauen zu bewegen. Nur Erfahrung allein ist fähig, diese schöne Tugend mit Klugheit zu verbinden, die so oft und so gerne auf Unkosten guter Seelen mißbraucht wird.

In gewißen Lagen wird Aufrichtigkeit ohne Ueberlegung unser gröster Feind, der uns stündlich, augenblicklich schaden kann – sie darf nur an einen Höfling verschwendet werden.

Aufrichtigkeit zwischen Eheleuten, Freunden, Kindern, Aeltern, ist unentbehrlich, wenn anders diese schönen Bande nicht reißen sollen, ehe sie fest genug geknüpft sind.

Biedere aufrichtige Seelen tragen, mit Yorik zu sprechen in ihrem ganzen Wesen einen sprechenden Empfehlungs-Brief bei sich. Die Natur gab ihrem Thun und Lassen etwas Ungenanntes, um Anderer Zutrauen desto leichter zu gewinnen. Doch nur selten findet man noch in unseren Zeiten diese reinen Spuren der unverdorbenen Natur. Politik, Leidenschaften, Schwelgerei haben sie, wo nicht ganz vertilgt, doch ziemlich unkennbar gemacht.

Lebhafte Menschen – wenn es ihnen anders nicht an moralischer Bildung fehlt – sind selten einer tiefen Verstellung fähig. Zur Verstellung und Heuchelei gehört Kälte und ruhiges Blut.

Nichts ist für den Denker reizender, als die naive Aufrichtigkeit eines Mädchens. Warum behaupten nur zu oft Bauernmädchen bei den Männern den Vorzug? – Unstreitig, weil sie die an Seele und Leib gekünstelten Stadtdamen mit naiver Aufrichtigkeit übertreffen. Selbst bei den Gefühlen der Liebe kennen diese Naturkinder weder Verstellung noch Zierereien.

Ich begreife nicht, warum unsere Stadtmädchen die Gefühle der Liebe zu verheimlichen suchen. Oder leben nicht etwa die meisten über das Wort Liebe im Mißverstande? – Hätten sie von einer auf Tugend gegründeten Liebe die wahren Begriffe, wüßten sie den moralischen Endzweck von dem bloß physischen abzusondern, nie würden sie Liebe im wahren Verstande für einen lasterhaften Trieb halten, über den sie zu eröthen Ursache hätten.

Kann das weibliche Geschlecht bei den unersättlichen Wünschen, die es nährt, sich einen beßern Zustand denken, als den, wenn es den wahren Genuß des Lebens zu finden weis? Doch worinn besteht denn dieser wahre Genuß? – Belieben sie darüber nachzudenken meine Freundinnen!

Wer nicht nachdenkt, erhält keine Grundsätze; wer deren keine hat, lebt ein bloßes Pflanzenleben, und wem dieses zu Theil wird, der ist lebendig todt.

Warum sind so viele Frauenzimmer eigensinnige Trotzköpfe, oder übellaunigte Geschöpfe? Weil das schwache Männervolk eben diesen Fehlern selbst da noch schmeichelt, wo die Sklavenkette den kränkenden Männersinn schon in Staub drückte. Wohl bekomms den Schwachköpfen!

Wer Schwachheit, Laune, und jeden Widerspruch in ihrer vollen Stärke erblicken will, der betrachte ein undenkendes Frauenzimmer.

Immer fängt das Weib eher an in jeder Leidenschaft auszuarten, als der Mann. Die Rachgierde eines Mannes erreicht die eines Weibes lange nicht.

Die Weiber könnten den Männern alles seyn; aber sie sind ihnen nichts; denn unter hunderten erhält einer kaum eine, wie sie seyn soll.

Nun mögen die Männer mit den vielen weiblichen Maschinen vorlieb nehmen; denn nur sie sind es, die sie meistens durch Schmeicheleien dazu machten; nur sie sind es, die mit unverzeihlicher Schwäche an der bloßen Larve kleben; nur sie sind es, die bei dem weiblichen Geschlechte mehr Nahrung für die Sinnen als für den Geist suchen.

Moralisch gut gebildete Frauenzimmer finden sich nur wenige. Entweder modeln sie sich zu steifen Gelehrten, oder zu mondsüchtigen Empfindlerinnen; am Ende oft gar zu pathetischen Sittenrichterinnen um. – Wie unerträglich ist diese letzte Gattung Geschöpfe, wenn sie in Gesellschaften troz einem Schulmeister alles um sich herum mit Machtsprüchen erstikken wollen.

O über die altklugen Matronen aus deren eiskalten Herzen eine unnüzze Moral herströmt!

Mütter, Freundinnen, lernt zu erst die Kunst Herzen zu gewinnen, ehe ihr sie bilden wollt. – Erst dann werden eure Grundsäzze in das feurige Herz der Jugend eindringen. – Bloß kalte Sittensprüche prellen an ihr nicht selten ohne den geringsten Nuzzen ab, sobald es der Sittenlehrerinn nicht gelingt, sie in jenem empfehlenden Gewande vorzutragen, das weder einschläfern, noch ermüden kann.

Der Sittenlehrer, der seinen Schüler feurig genug zu interessiren weis, der ihm kernhafte, mit Satire vermischte Moral auftischt, hat gewis zum voraus gewonnen Spiel. – Wohl gemerkt ihr Herrn Schriftsteller, es giebt nur einen Ton, der unterhält, und zugleich bessert, aber unzählige die mehr verderben als gut machen, so redlich auch immer die Absicht seyn mag.

Nur wenige Schriftsteller besizzen genug Menschenkenntniß, um mit jener feurigen Beredsamkeit, mit jener vortrefflichen Kunst den Nutzen im menschlichen Herzen zu bewirken, den sie bewirken wollen.

Trockene Schwazhaftigkeit, einschläfernde, ellenlange Perioden, wizlose Anspielungen, strenger finsterer Tugendeifer, unduldsame Machtsprüche finden ewig nie den Weg zum menschlichen Gefühl. Bei einer solchen Lektur gähnt die Jugend, bleibt kalt, schlägt unwillig das Buch zu, oder schläft wohl gar ein.

Wozu dient viel Geschwäz, sobald der Schriftsteller den Weg verfehlt hat, mit wenig Worten und viel Sinn ins Herz zu dringen?

Originalität im Schreiben ist ein Geschenke der Natur – erreicht es ihr Afterschüler, wenn ihr könnt!

Dem weiblichen Geschlecht – sagt man – sey die Kunst: reizend, naiv, feurig, dringend zu schreiben, sehr eigen; aber nur wenige wagen sich mit ihren Geistesprodukten ans Licht, einige verfielen so gar in den Predigerton, wie kam das ???

Wer ist sträflicher der Schriftsteller, der mit feurigem, offenherzigem Schwung seine Gedanken und Beobachtungen aufs Papier hinwirft; oder der Leser, der ihn aus Mangel an gesundem Verstand schief beurtheilt?

Ein gutes Buch ist für denkende Frauenzimmer eine weit beßere Gesellschaft, als ein Häufchen eitler Gespielinnen, sie kann ihm Einwürfe entgegensetzen, Grundsätze bejahen, oder verneinen, ohne seine Eigenliebe zu beleidigen. Ganz natürlich, bloß in der Stille: denn welches sanfte weibliche Geschöpf hätte wohl den

Muth, sich zum öffentlichen Kunstrichter aufzuwerfen? Wir müßen leider in unserer engen Sphäre bleiben, die uns von dem despotischen Geschlecht angewiesen wurde – nicht wahr meine Freundinnen???

Oder ist es etwa nicht vorsichtig, daß man uns bloß in den Zirkel der Haushaltungskunst zurückwies? Schwachen Geschöpfen weist man auch angemessene Arbeit an. Indeßen werden die Herren Despoten auf unserer Erde auch in diesem Fache wenig von uns zu erwarten haben, wenn wir Leerköpfe genug wären, diese Kunst ohne Plan, ohne Ueberlegung, ohne Nachdenken auszuüben.

Männer bildet den Weibern und Mädchen hinlänglich ihre Köpfe; macht diese fähig, die Folgen einer übeln Wirthschaft zu überdenken, lehrt sie säuberlich seyn ohne Koketterie, sanft ohne Schwäche, gut ohne Verschwendung, wirthschaftlich ohne Geiz, streng gegen Dienstleute ohne Rohheit, sorgfältig ohne Aengstlichkeit, herablassend ohne Erniedrigung, edel, stolz ohne Hochmuth, warm für Gatten- und Mutterliebe, religiös ohne Bigotterie, offenherzig ohne Unbesonnenheit, und eure Klagen über den Mangel an würdigen Frauenzimmern müßen dann verstummen. Wäre dies etwa nicht das Bild einer edeln Hausmutter? – Aber nie kann es bei einer bloß sinnlichen Erziehung realisirt werden. Nur Geisteskultur ist die Schöpferinn einer gefühlvollen Mutter, einer zärtlichen Gattinn, einer guten Hauswirthinn.

Es giebt Frauenzimmer, die man im gemeinen Verstande gute Wirthinnen nennt, ohne daß ihre Seelen jene Bildung erhielten, die sie planmäßiger, gefühlvoller handeln machen würden. Kann aber ein Gatte, können die Untergebenen bei der bloß mechanischen Behandlungsart dieser Weiber so glükklich seyn, als sie seyn sollten? Sind nicht wilder Zorn, unerträgliche Launen, pöbelhafte Ausbrüche, jene barbarische Geiseln, denen sie oft augenbliklich ihren Nakken darbieten müßen? Glaubt mir Männer, solche Weiber sind der Beweis eures Unsinns, unter deßen bevorurtheilter Tirannei ihr dem weiblichen Geschlechte jene Seelenbildung versagt, die im Hauswesen durchaus voran gehen muß. Oder giebt es nicht tausend Fälle, wo ein Weib Kopf, Herz, Gefühl, Beurtheilungskraft nöthig hat? Hm! hm! daß wir doch bloße Tanzbären eurer und unsrer Leidenschaften bleiben sollen.

Nur zu oft ist Mißverstand der Beweggrund; wenn Aeltern, oder mürrische Brummköpfe der Jugend das Lesen untersagen; entweder darben sie selbst an Grundsäzzen oder kennen nicht den Unterschied zwischen schädlicher und nüzlicher Lektur, nicht die Art, wie sie ihre Zöglinge mit Vortheil zum Lesen anhalten sollen.

Es giebt eine Metode den Zögling mit gröstem Nuzzen zum Lesen anzuhalten. Was können denkende Aeltern während dieser Beschäftigung von ihren Kindern nicht für verschiedene Urtheile hören, wie genau können sie ihre Gefühle prüfen, wie klar ihre Fassungskraft durchschauen, wie bestimmt den Geschmack ergründen, wenn sie die Kunst besizzen unter dem wärmsten Zutrauen ihnen die Urtheile über das Gelesene abzulokken.

Häusliche Glükseligkeit wäre nicht mehr so rar, wenn sich die Mütter mehr Mühe gäben, – die Herzen und die Köpfe ihrer Töchter in jenen Zustand zu versezzen, daß dem denkenden Gatten mitten in seinen häuslichen Sorgen, auch ein Zufluchtsort übrig bliebe.

Wie bettelarm ist ein Frauenzimmer, die blos Larve zum Empfehlungsbrief bei sich trägt. Er kann schnell zerreißen, und dann bleibt ihrem Gatten nichts mehr übrig, als Makulatur. !!!

Wie reizend ist hingegen ein schöner Körper, in dem auch eine schöne Seele wohnt! – Wenn alle Stürme der Natur über den ersten ausbrechen, so bleibt einem Frauenzimmer doch noch Reichthum genug übrig, ihren Gatten auch noch im grauen Alter zu fesseln.

Dummköpfe fodern im ersten Feuer ihrer Sinnlichkeit von einer Braut nicht viel moralische Vorzüge. Aber dann erblikken sie auch in einer Gattin weit mehrere Fehler, wenn die Bande der Ehe geknüpft sind, wenn der Taumel äußerlicher Täuschung aufhört.

Eine blos schöne Gattin wird von dem Herzen eines verblendeten Liebhabers durch die Gewohnheit so abgestreift, daß oft nicht einmal ihr Andenken mehr übrig bleibt.

Wenn die Mädchen begreifen könnten, wie viel Reize ein gebildetes Frauenzimmer für einen denkenden Mann hat, sie würden mit Vorbedacht ihre Gesichter zerkrazzen, – blos um mit Seelen-Vorzügen eine weit rühmlichere Eroberung zu machen.

Diejenigen Frauenzimmer täuschen sich sehr, wenn sie glauben nur durch äußere Vorzüge eine dauerhafte Eroberung zu machen. Alles was sie etwa durch diese erhaschen können, bestehet in einem schwachköpfigen Wohllüstling.

Schönheit ohne Tugend, ohne Vernunft, ohne wahre Kunst mit moralischen Vorzügen zu gefallen, ist eine Seifenblase, die eben so geschwind zerplazt, als sie zu glänzen anfieng.

Würden sich die Männer so unzertrennlich an ein vernünftiges Mädchen fesseln, wenn diese nicht jeden Werth überstiege, wenn sie keine so seltene Erscheinung wäre???

Wer gab den Männern Geschmak an vernünftigen Frauenzimmern ihr Vergnügen zu finden? Die Natur! Wer gab den Mädchen die Fähigkeit sich vorzüglich moralisch gut zu bilden? Der Schöpfer! Folglich sind wir nicht zu bloßen Lastthieren der Dummheit geschaffen.

Pedanten und Silbenklauber, Bigotten und Altklügler, Afterphilosophen und Andächtler muß man nicht zu Rathe ziehen, ob das weibliche Geschlecht soll denken lernen oder nicht?

Mir ist der große Haufe in den Begriffen ihrer Liebe nicht unbegreiflich, er hält sich blos an sinnliche Vorzüge. Nur dies ist mir unbegreiflich, daß in diesem Punkt sich so viele zum großen Haufen gesellen, denen man es nicht zutrauen sollte. – Verräth dies nicht Mangel am Denken ???

Duldung gegen andere fühlt nur derjenige, der frei genug von Eigenliebe ist, um einzusehen, wie sehr er bei andern Gelegenheiten auch schon Duldung bedurfte.

Die natürliche Güte des weiblichen Geschlechts würde einen weit höhern Grad erreichen, sich weit erhabener schwingen können, wenn sie nicht von dem so sehr herrschenden weiblichen Neide schon in ihrer Geburt erstikkt würde.

Warum zeigt sich denn die Schadenfreude geschwinder auf einem weiblichen als auf einem männlichen Gesichte???

Soll der gewöhnliche Neid, die Schmähsucht unter uns Frauenzimmern nicht eine bloße Folge unserer Geistesschwäche seyn?

Es scheint, als ob das Frauenzimmer schwazzen müße, sei es aus Dummheit, aus Vorurtheil, Unbesonnenheit, oder Bosheit –. Genug, diesen Naturfehler legen sie nur dann ab, wann der Kopf über die Zunge durch Nachdenken herrschen lernt. – So viel aus eigener Erfahrung!

Kann nun eine Denkerinn mißmuthig werden, wenn ich es aus guten Absichten wage, von meinem eigenen Geschlechte Blößen aufzudekken, gegen die ich selbst schon genug kämpfte, und noch zu kämpfen habe? Man beschuldiget unser Geschlecht einer unüberwindlichen Eitelkeit, ich möchte gern diesen Verdacht so viel möglich durch ungeheuchelte Aufrichtigkeit zu verdrängen suchen.

So bald das männliche Geschlecht eben so freimüthig als ich vor den Sittenrichter hinsteht, und so ungeheuchelt seine Fehler bekennt; dann wird es sich bald entscheiden, welches von beiden Geschlechtern zur Besserung größere Lust hat?

Bescheidenheit ist eine Tugend, die man dem weiblichen Geschlechte zugeeignet hat. Wir würden ihr gerne mit ganzer Seele anhängen, wenn uns die Männer nicht so gerne jedes Verdienst nur halb zugestehen, wo nicht ganz absprechen. Wer gab ihnen denn das Recht zu solchen Machtsprüchen als Vorurtheil und Eigenliebe ??? Geherrscht muß seyn! Nicht wahr ihr Herren Despoten?

Bescheiden sind diejenigen Frauenzimmer, die sich ihre Verdienste bloß abrathen lassen – Diejenigen, die anderer Fehler nicht bemerken wollen.

Zu viel Bescheidenheit artet in Ziererei aus, und ist weiter nichts, als ein maskirter Ehrgeiz.

Recht bescheiden sind auch die, welche es nicht merken lassen, daß sie es seyn wollen.

Wie unerträglich ist ein Frauenzimmer, die aus lauter *Bescheidenheit* alles um sich herum mit übertriebenen Komplimenten fast zu Tode ärgert.

Wahre Bescheidenheit fällt Niemanden zur Last, der Werth ihrer Güte verräth sich im Ausdruk.

Der Wohlstand erfordert von jedem wohlgezogenen Frauenzimmer gewiße kurzgefaßte Zeremoniele, wenn sie aber nicht unerträglich werden will; so muß sie in wenigen Minuten darnach die naive offne Herzens-Sprache zu sprechen wissen, sonst entfernt sich in Gesellschaft jedes Herz von ihr – Dies Schiksaal wird mancher zu Theil, die es nicht verdient.

Den Mittelweg zwischen übertriebener Höflichkeit und erniedrigender Vertraulichkeit zu finden, ist nur wenigen eigen.

Es giebt in Gesellschaften eine Sprache, die alles mit Hochachtung und Bewunderung an sich reißt – Es giebt aber auch wieder eine andere, die der kühnen Vertraulichkeit den Weg öffnet.

Wo lebt die Denkerinn, die in Gesellschaften das Männervolk zum anbethen, zum staunen zu zwingen weis – ohne den Verdacht der Eroberungssucht zu erwekken? – Wo lebt sie? ich will sie küssen!

Meistens verfallen die Frauenzimmer in ihrem Unterhaltungston auf Extreme, arten in schüchterne Zieraffen, in spröde Närrinnen, oder in zügellose Koketten aus.

Warum ist die naive Natursprache so wenigen eigen? Und doch sie ist doch so schön! – Weit schöner, als die Sprache der Galanterie, oder der Buhlerei.

Das unschuldige Mädchen soll nur da erröthen, – wo es erröthen muß. Freiheit im Sprechen, im Denken, im Urtheilen, im Beobachten; ist kein Fehler wider die Reinheit der Sitten.

Wozu Schüchternheit in Gesellschaften, wenn man der Reinheit seines Herzens bewußt ist?

Geschraubtes heimtükisches Wesen am Frauenzimmer ist noch lange nicht Unschuld. Sie sind nur zu oft die Vorboten heimlicher Sünden, oder das Prädikat der Dummheit.

Wer schrökt den Bößwicht mit mehrer Kraft, wer entfernt den Wollüstling mit mehrerer Beschämung, den Freigeist mit mehr Würde, als ein wizziges, moralisch gut gesinntes Frauenzimmer?

Selbst die Tugend, wenn sie aus dem Munde eines Mädchens erschallt ist mehr als Tugend – sie enthält Reize, die jeden hinreißen, – wenn er nicht schon ganz Taugenichts ist.

Warum kennen doch die Weiber ihre moralische Allgewalt so wenig? – Ist nicht sie es, vor der selbst ein Schurke zurükweicht, oder sich bessert?

Verbänden die Frauenzimmer ihre äußerlichen Reizze mit den Seelenreizzen, wie unumschränkt wäre dann ihre Gewalt – wie groß, wie unermeßlich das Gute, das sie stiften könnten.

Ich möchte den Mann sehen, der einem gut gesinnten Frauenzimmer widerstände, auch gut zu werden. – Ich kenne nichts schwächeres, als einen verliebten Mann. – Seine Absichten mögen nun phisisch oder moralisch seyn – genug, er ist Kind, und verliert nicht selten seinen freien Willen.

Nur wenige Frauenzimmer benüzzen diese Schwäche zu beiderseitiger Herzensverbesserung. – Die meisten aus eitler Tyrannei, Eigennuz, oder Koketterie – Ist das nicht Himmelschreiend!!!

Wenn die Weiber den Männern das wahre Uibergewicht im rechten Augenblikke fühlen ließen; welcher wäre denn im Stande ihren guten Absichten zu widersprechen? – Die Natur gab ihnen Gefühl, und eher als nicht, blos darum, um es durch sanfte weibliche Anweisung verfeinern zu können.

Das weibliche Geschlecht sollte eigentlich der erste Gegenstand der Aufmerksamkeit seyn, wie vielen Bezug hat es nicht auf das menschliche Leben?

So lange die Weiber ohne hinlängliche Kultur dahin leben, eben so lange werden die vielen Unordnungen in der Welt nicht aufhören. Die Zeiten sind vorbei, wo ihre Unwissenheit die Schöpferinn ihrer Unschuld war – vorbei jene Zeiten, wo unter ihnen Religion über Wollust siegte. Jezt bedürfen ihre gereizten Begierden Kultur – oder sie arten aus.

Ehedessen wußten die alten Weiber kaum, was jezt die Mädchen, die noch mit Puppen spielen schon wissen. Mutter, Sittenlehrer beugt vor, eh' das umgreifende Laster zu sehr einreißt.

Sobald sich der Verstand in einem Kinde zu entwikkeln anfängt, so muß man ihm auch Nahrung geben – sonst wird es von den früh aufkeimenden Leidenschaften umnebelt.

Die Leidenschaften eines Wiegenkindes gleichen im Anfange einer machtlosen wilden Pflanze, jeder Augenblik vermehrt ihren Wachsthum, die Saumseligkeit der Erzieher hindert ihre Reife nicht.

Wo sind die Mütter, die mit unermüdeter Aufmerksamkeit die Herzen ihrer Kinder studiren? – Haben nicht die meisten Frauenzimmer so hinlänglich mit ihren eigenen Leidenschaften zu schaffen, daß ihnen die ihrer Kinder entschlüpfen müßen? Das wichtige Werk der Erziehung wird ewig nie ausstudirt, ewig nie realisirt. – Traurig genug für die Menschheit!!!

Blos Männern stünde es zu, das weibliche Geschlecht aus jener Vergessenheit empor zuziehen, wohin es durch Vorurtheil verwiesen ward.

Ein Weib mit Grundsäzzen kann Engel werden – Ein Weib ohne Grundsäzze Teufel. – Wie kömmt es, daß einige neidische Männer die erstem zu verhüten suchen, und lieber die Plage des letztern fühlen? – Viel Glük zur irdischen Hölle ihr Herren Dummköpfe!!!

Würden wir in der Welt so viele weibliche Furien haben, wenn die Männer auf weibliche Erziehung mehre Sorge verwendeten?

Können unerfahrne Nonnen aus Mädchen auch Menschen bilden?

Jene arme weibliche Geschöpfe, die selbst den edelsten Trieb der Natur verläugnen müßen – können unmöglich Mütter- und Gattenpflichten lehren. – Fühllos aus Pflicht zu seyn – ist die härteste Tirannei auf Gottes Erdboden!

Wenn der Schöpfer sich selbst hätte entheiligen wollen; dann würde er gewiß das Zölibat vorgeschrieben haben.

Die Einbildungskraft des Menschen kann bis zur kranken Seuche ausarten, wenn sie ihren lezten Grad erreicht hat, dann suchtet sie dem Tollhause entgegen.

Es gab Zeiten, wo die Schwarzrökke über den Eigennutz so gar die eheliche Glükseligkeit vergaßen. – Heißt das nicht die Menschheit brandmarken?

Und jene arme gefühlvolle weiblichen Geschöpfe, die in Klosterkerkern ihr Daseyn verwünschen, wie werden sie einst dort oben dem Vorurtheil und seinen Anhängern fluchen? – Hu, mich schaudert!

Ein Mann, der einer ehlichen Liebe fähig ist, hat weit mehr Gefühl, als jene von der menschlichen Glükseligkeit abgestreiften Menschen, die bloß ihrem Magen dem Vorurtheil und der Fühllosigkeit leben.

Ein Priester, der Gatte seyn darf, ist dem Staate und der Menschheit viel nüzlicher, als der, der es nicht seyn darf. Seine Gefühle sind dem Leidenden offen, seine Pflichten zu jeder Erfüllung bereit, sie werden nicht durch Müßiggang und Schwelgerei erschlafft.

Was macht die Männer weich, menschlich, duldend, gefühlvoll, als die *Liebe?* – wie wenig läßt sich nun im menschlichen Leben von denen erwarten, die sie nur im Stillen empfinden dürfen – und eben deßwegen bis zum Laster erniedrigen?

Festigkeit im Karakter, Beständigkeit wären wohl auch Tugenden, die das weibliche Geschlecht erlangen könnte, wenn es nicht von Jugend auf zur Feigheit und Tändelei angezogen würde.

Man verzärtelt die Mädchen blos darum, weil sie die Natur zu Mädchen und nicht zu Jünglingen schuf. Ei, Ei – liegt denn die Kraft, den Stürmen dießes Lebens zu trozzen blos im Worte? Beruht die weibliche Schwäche nicht vieles in der Einbildung, im Vorurtheil? Es muß doch etwas an der Sache seyn, sonst hätten wir in den vorigen Zeiten keine Heldinnen aufzuweisen.

Beständigkeit in jeder Handlung des Lebens, war ehedessen eine Tugend, mit der unsere Väter glänzten, wenn sie jezt aus ihren Gräbern zurükkehrten, würden sie blos noch ihren abgezehrten Schatten antreffen. Haben wir wohl in unsern französirenden Zeiten bald wieder was beßeres zu hoffen? Schwerlich! – Oder die unter uns Teutschen so sehr einreißende Galanterie müßte zuerst ihren Tod finden.

Wenn man die Beständigkeit der jezigen Jünglinge näher untersucht; so gleicht sie dem Schnee, der bei der Wärme einer Hand eben so geschwind dahinschmilzt, wie der wankelmüthige Weichling bei den Lokkungen einer Buhlerinn.

Welches Geschlecht ist mehr zur Untreue geneigt? Dieße Frage wird in unsern lokkern Zeiten ewig nie entschieden.

Dankbarkeit meine Freundinnen! ist eine der ersten der edelsten Tugenden – sie soll, sie muß in dem sanften weiblichen Herzen wohnen, wenn es sich nicht entehren will.

Wirklich *dankbar* ist nur derjenige, der Wohlthaten zu schäzzen weis.

Undank ist fast die allgemeine Klag der Menschen und doch ihr gewöhnliches Loos. Selbst die klagen gerne über Undank, die sich auch schon dessen schuldig gemacht. Ist der Mensch nicht ein immerwährender Widerspruch?

Leichtsinnige Menschen vergessen nichts leichter als Wohlthaten – Gefühlvolle nichts weniger.

Welche Unruhe gleicht derjenigen, wenn der Gerettete gern thätig danken möchte, und ihm die Mittel dazu fehlen? – Es giebt fein fühlende Herzen, die in diesem Zustand eben so viel leiden, als da, wo sie Wohlthaten bedurften.

Mäßig sind nur die Menschen, deren Seele über ihren Körper herrscht.

Es giebt Frauenzimmer, die sich aus bloßer Langweile – oft gar aus Dummheit – an Lüsternheit gewöhnen.

Ich dächte, wenn Grundsäzze nicht vermögend wären, das Frauenzimmer von der lüsternen Schlekkerei abzuhalten; so sollte es doch das Ehrengefühl dahin bringen können. Pfui, – das ist schändlich, wenn der Körper die Seele tirannisirt!

Wie kann ein Mädchen zur Liebe, zur Tugend, kurz, zu jeder Pflicht fähig seyn – Wenn Lüsternheit ihre Lieblingsleidenschaft wird? – Mütter verzärtelt eure Töchter nicht in der frühsten Jugend, damit sie im Alter nicht über eine schändliche Gewohnheit weinen, die nicht selten Armuth nach sich zieht.

Ziererei im Essen und Trinken, Lüsternheit nach gekünstelten Gerichten, kühne Verachtung der Gaben Gottes, Nasenrümpfen über die oder jene Speise würde die Denkerinn brandmarken, und blos die dümmste unverschämteste Alltagsdirne verrathen. – Welches denkende Frauenzimmer hätte wohl den Muth, unser Geschlecht so sehr zu erniedrigen???

Schade, daß der Schöpfer nicht allen lüsternen Puppen Schiksale und Armuth zuschikte – sie würden schon lernen jede Gabe Gottes ohne Ausnahme zu genießen. – Sind arme Menschen nicht auch Menschen? – Haben Vornehmere in der Natur eine Ausnahme zu machen? – Wenn der Kaiser starke bürgerliche Speisen genießen kann; – so werden sie doch wohl von gesunden adelichen Damen und von rothbakkigen Bürgerinnen genossen werden können!! – Ist es vom Sterblichen nicht Frevel, wenn er sich aus Lüsternheit ziert, eh er das Ende seiner Schiksale bestimmen kann?

Es ist besser sich frühe an starke Speisen zu gewöhnen, als wenn man sich spät daran gewöhnen muß. Spott und Schande – gesellen sich dann gerne zum Mangel. – Oder haben wir nicht ein ziemliches Häufchen Frauenzimmer aufzuweisen, die blos aus Lüsternheit lasterhaft wurden?

Lüsternheit ist die Gefährtinn der Wollust, die Mutter der Geistesschwäche, – der Vorbohte der Dummheit.

Wehe den Männern, denen ein lüsternes Weib zu Theil wird, Betrug ist ihr Loos, ehlicher oder häuslicher Betrug!

Lüsternheit kündigt den Wollüstling an, ist das Losungswort der Buhlerinn, die Lieblingseigenschaft des Leichtsinns, und der wahre Beweis nichtdenkender Köpfe.

Warum sind die Grossen dieser Erde wollüstiger, als die gemeinen Menschen? – Aus angewöhnter Lüsternheit! – Warum kränker, warum schwächer? Aus eben ihren Folgen!

In einem lüstern Körper wird die Seele über kurz oder lang unterjocht. Zu was ist dann eine solche seelenlose Maschine beßers fähig, als zum Laster?

Wie schön stehet Dienstfertigkeit dem weichen, weiblichen Herzen. – Wenn man sie von ihm nicht erwarten kann, von wem soll man sie denn erwarten?

Dienstleistungen, wenn sie Wohlthaten seyn sollen, müßen sie nicht so geleistet werden, daß sie einen andern in Verlegenheit sezzen.

Es giebt nur eine Art, Unglüklichen zu dienen, und diese ist nur wenigen eigen, immer mischt sich Unbesonnenheit, eitler Stolz, demüthigendes Uibergewicht dazu – Dann werden die Dienstleistungen für den Unglüklichen zur Marter, nicht zur Wohlthat.

Wer gut zu geben weis, verdient, daß man ihm auch wieder giebt, wenn er es nöthig hat.

Wo sind die Menschen, die im Geben empfindsame Unglükliche nicht mehr erniedrigen als aufrichten? Wo sind sie? Ich will sie als das Bild der ewig gütigen Gottheit verehren !!!

Es ist nun einmal so in der Welt, wer arm an Gelde ist, duldet Schande und Verachtung, er mag an moralischen Verdiensten noch so reich seyn, als er will. – Man ist gewöhnt nur silberne oder goldene Narren zu schäzzen.

Jeder Jüngling, jedes Mädchen muß den Werth des Geldes zu schäzzen wissen, ohne es zu ihrem Abgott zu machen.

Wer sich bei dem Anblik eines unschuldigen Nothleidenden noch über den Besizz seines Geldes freuen kann, ohne es hinzugeben, der verdient aus der Natur hinausgeworfen zu werden.

Was ist mehr werth Geld oder Verstand? Das Geld zehrt sich selbst auf, der Verstand nie.

Die Frauenzimmer sind fast alle zum Wohlthun geschaffen, aber die wenigsten haben Kopf genug um dießes herrliche Vergnügen in seiner ganzen Stärke zu fühlen.

Auch aus *Schwachheit* kann man Wohlthaten am unrechten Orte verschwenden, die ein Raub an weit Unglüklichern werden können. – Dieß ist der gewöhnliche Fall jener undenkenden Geschöpfe, die aus bloßem Instinkt handeln.

Wer sich für jene lezte ängstliche Stunde, wo die Natur ihrer Auflösung zueilt, Trost und Entzükken sammeln will, der trokne die Trähnen der Armen.

Zur *wahren Großmuth* gehört eine erhabene Denkungsart und ein feiner raffinirter Kopf, der seine gute Handlungen anzubringen weis; so daß man ihm die äußerste Bewunderung, auch ohne ihn zu kennen, nicht versagen kann.

Großmüthig können nur die seyn, – die von edelm Stolz beseelet werden. Wenn *Großmuth* die Versuchungen des Eigennuzzes zu übersteigen weis; dann ist sie bewährt.

Die bestscheinenden Menschen halten nur zu oft alle Proben der innerlichen Güte aus, nur die nicht, die dem Eigennuzz zu nahe trit.

Man prüfe tausend Menschen, wenn man ihrer Börse bedarf; so halten kaum hundert die Probe aus.

Ich kenne keine Eigenschaft, die auch unter dem vornehmen Pöbel allgemeiner wäre, als Eigennuz.

Frauenzimmer sollten eigentlich nicht eigennüzzig seyn; denn die Männer theilen ihnen ohnehin ja alles mit aus Liebe, aus Höflichkeit, oder aus ein geführter Gewohnheit.

Eigennuz ist die erste Leidenschaft einer Buhlerinn. Welches fühlende, wohlerzogene Frauenzimmer möchte sich mit dießer niedrigen Leidenschaft beschmuzzen?

Kann ein wirklich Eigennüzziger auch ein wirklich gutes Herz haben? – Dies scheint mir unmöglich, denn, da wo diese schändliche Leidenschaft herrscht, ist Fühllosigkeit zu Hause.

Den meisten Kaufleuten wird Eigennuz nach und nach so zur Natur, daß sie zulezt ihre Seele verhandeln würden, ohne es zu merken.

Ich kenne keine Leidenschaft, die das menschliche Herz geschwinder fühllos machte, – als Eigennuz.

Zwischen einem erlaubten ökonomischen Triebe, und Eigennuz herrscht ein mächtiger Unterschied, die meisten Menschen verwechseln den erstern mit dem leztern.

Aeltern können bei ihren Kindern über den Eigennuz nicht genug wachen, oder sie haben durch ihn frühe oder spät, Unmenschlichkeiten zu erwarten.

Was macht die meisten Kaufleute hartherzig, die Reichen fühllos, die Buhlerinnen unverschämt, den gemeinen Mann grob, den Niederträchtigen zum Dieb, so viele Schwarzrökke zu Heuchlern, als der allgewalltige Eigennuz???

Eigennuz ist der frühe Tod der Liebe, – und Freundschaft.

Nichts unterdrükt das Ehrengefühl leichter, als Eigennuz! Nichts erhält es lebhafter als Uneigennüzzigkeit!

Grausamkeit ist nur zu oft die Tochter des Eigennuzzes.

Woran erkennt man eine edle Seele beßer, als an der Uneigennüzzigkeit? Was unterscheidet die Edlen vom Pöbel, als Uneigennüzzigkeit? – Könnte sich der Pöbel in seinen Handlungen nicht weit leichter bis zur erhabenen Denkungsart schwingen, wenn ihm nicht der schmuzzigste Eigennuz anklebte?

Ein recht feines Ehrengefühl kann sich ewig nie bis zum *Eigennuz* erniedrigen. Den Beweis dießes Sazzes liefert uns das Uibergewicht eigennüzziger Männer. – Hierinnen übersteigt das feine weibliche Ehrengefühl wirklich das männliche, wenn nicht bei allen, doch bei *vielen*.

Vertrauen zu andern erwirbt wieder Vertrauen; aber nur bei edeln Seelen, die schmuzzigen, niedrigen, kriechenden, werden dadurch noch zurükkhaltender, ziehen sich zurükk, oder drükken den Unglükklichen – arglosen Aufrichtigen wohl gar noch in den Staub!

Wer das arglose Zutrauen eines *Unglükklichen* mißbrauchen kann – Wer ihn fühlen läßt, was er *weis* – Wer ihm seine Lage durch Demüthigung erschwert, wer ihn mit unmenschlicher Härte noch ärger zu Boden drükkt – ist der dann auch würdig, den Namen Mensch zu tragen?

Zutrauen ist leicht mißbraucht, aber nicht so leicht wieder gewonnen.

Zutrauen ist mehr werth, als alle Schäzze der Erde; denn ihr Werth kann keines erkaufen, wenn man es nicht von selbst hingiebt.

Wo lebt der Edle, oder die Edle, die Zutrauen im wahren Verstande zu belohnen wissen?

Ist der, der *Zutrauen* missbrauchen kann nicht weit teuflischer, als der Teufel selbst?

Deß Allmachtigen Willen zielet dahin, den Sünder, der uns mit seinem *Zutrauen* beschenkt, gelinde und mit einer gewissen Achtung zu behandeln – Thun dieß die Herren Seelsorger immer? – Denken sie oft genug daran, daß Menschen gegen Menschen aus eigener Gebrechlichkeit menschlich handeln müßen? sind alle sanft genug um Fehler mit jener Güte zu bessern, die Ihnen Natur und Religion anwies? – Wie viele blos schwache Menschen wurden schon die Opfer ihrer Temperamente, ihrer Unduldsamkeit, – ihrer Verdammungswuth!!!

Nur der ist *groß*, der den Gefallenen, nachdem er der *Vertraute* seines Fehltritts wurde, weit sanfter weit wärmer, weit gelinder auf den Weg der Tugend zurükk führt. Strenge in dießem Falle, ist Aufmunterung zu größern Verbrechen. Mütter, nur zu oft werdet ihr an euren gefallenen Töchtern doppelte Kindermörderinnen!!!

Die Mutter, die nach geschehener That elend, niedrig genug ist, gegen ihre Tochter Furie zu werden, die verdient, daß sie von ihr mehreremale beschimpft wird. Duldung – Vernunft – Menschenliebe – Natur – Vorsicht in Rükksicht größerer Unheile, können in dießem Falle nur von Rabenmüttern hintan gesezt werden! Was ist beßer Selbstmord, Kindermord, Verzweiflung und Schaffott, – oder stille Wehmuth, Vernunft, Güte, und andere Zufluchten, um die Ehre eurer Töchter zu retten? Mütter, seyd lieber vorsichtig, da es noch Zeit ist, nach dem Fehltritt ist es zu spät!

Mütter lehret eure Töchtern die Welt, ihre Verführungen und sich selbst beßer kennen; gewiß nur selten wird dann Schande euer und ihrer warten. – Unerfahrne Mädchen sind immer am leichtesten verführt – weder Gefühl, noch Erfahrung, noch Vernunft hält sie zurük.

Man unterhält in der Welt den schiefen Grundsaz, daß *Unerfahrenheit* die Unschuld fest halten soll, und gerade *sie* ist es, die nicht wenige Mädchen zum Falle bringt. – Glaubt mir, Mütter, das Gefühl der *Liebe* bricht zu seiner Zeit überall durch, aber nur dann ohne moralischen Schaden, wenn es frühe schon jene Richtung erhielt, die es zum erhabenen zum tugendhaften Gefühl machen.

Warum den Töchtern aus dem göttlichen wohlthätigen Geschenke der *Liebe* ein Geheimniß machen; da doch bloß ihr Mißbrauch sie bis zum Laster herabwürdigen kann? – Warum sie nicht lehren, daß Wohllust keine Liebe – Empfindelei – kein wahres Gefühl – Schmeichelei nicht ihre Ausdrüke, Verführung nicht ihr Werk; – sondern das Werk der Sinnen ist???

Mädchen prüfet eure *Anbether* genau, wenn sie nur in eure äußerliche Vorzüge vernarrt sind, wenn sie *sich* bloß in *euch* lieben – wenn bei ihnen euer Herz, eure Unschuld, eure Ehre in keinen Anschlag kömmt; dann ist euer Fall gewiß nicht mehr ferne.

Das Mädchen, das ihren Liebhaber durch Erfahrung, und Weltkenntniß in einer ehrfurchtsvollen Entfehrnung zu halten weis – Die bei Schmeicheleien nicht schwach wird – bei Zudringlichkeiten nicht gelassen bleibt – den für ihren Feind ansieht, der niedrig genug ist, ihre Unschuld auf Schrauben zu stellen – die den Wohllüstling mit Spott geiselt – den Verführer mit Feuer von sich stößt – den Schleicher entwaffnet – den niedrigen Kriecher aushöhnt, dies Mädchen, meine Freundinnen wäre werth Mädchen zu seyn!!! Sagt, Mütter gehört dazu etwa keine Erfahrung, kein Menschenkenntniß, kein Kenntniß der wahren *Liebe*, keine Unterscheidungskraft, kein gesunder Menschenverstand??? Von Klosterzöglingen rede ich nicht; denn die müßen in der Welt ein *Null* werden. Aeltern wollen es so haben – sie verwahren ihre *Unschuld* zwischen Mauern so lange – bis sie aus Zwang von selbst ausreißt. – Abgebrochen! Dießer wichtige Stoff risse mich ins Unendliche hin. Genug, um mir die verschleierten Matronen zu Feindinnen zu machen!

Sind einige Knixe, ein paar einsilbige Komplimenten, ein bischen lesen und schreiben – nähen und strikken – angaffen und roth werden – eine schlechte teutsche Sprache und vernachläßigter Menschenverstand – eine ziemliche Portion Fühllosigkeit und alberne Furcht – stammelnde Ausdrükke und unsinniges Geschwäz – mechanische Religion und nur wenige wirtschaftliche Kenntnisse – eine seichte Beurtheilungskraft und Verstellung – Hang zu heimlichen Liebes-Intriguen – kurz jede pöbelhafte Sitte, sind dieß nicht Vorzüge, mit denen so manches Mädchen in Klöstern und Erziehungshäusern um theures Geld beschenkt wird? – Väter und Mütter, wo habt ihr eure Augen? – Vermuthlich bei Vorurtheil oder Bigotterie!

Ist es nicht weit klüger, wenn wir durch Menschenkenntniß die Leidenschaften des Zöglings ihm abzurathen suchen, um sie zum guten zu benüzzen, als wenn er die unsrigen abräth – um sie zum bösen Beispiel zu benüzzen?

Wenn die Mütter in jenem gefährlichen Zeitpunkt wo das Gefühl der *Liebe* sich in jungen Mädchen zu entwikeln anfängt, den Weg zu ihrem *Herzen* zum Vertrauen suchen würden – ich wette unter hundert würde kaum eine verführt werden.

Alle jungen Geschöpfe sind in der Epoche der *Liebe* gutherzig – nur dann erst wurden sie eigensinnig, tollkühn ausschweifend, wenn man dießes Gefühl durch Rohheit, Unvernunft, scharfes Verboth dazu zwingt, wenn unvorsichtig strenge Aeltern, den Augenblik versäumt haben es zur Tugend zu benüzzen. – Es kömmt gar vieles auf die *Art* an, wie man junge Leute behandelt.

Aeltern gebt genau acht, wenn ein liebendes Mädchen sich zu *verstellen weis*, wenn sie euch *ihr Zutrauen entzieht*; dann erhielt das reine schöne Gefühl der *Liebe* schon Auswüchse, die ihr Unglük drohen. Wozu *Verstellung*, wenn ihr die *Liebe* nicht als Laster bekannt ist? Wozu *Zurükhaltung*, wenn sie mit reinen Absichten umgehet, und diesen Trieb bloß für jenes gütige *Wohlwollen* hält, deßen sie sich nicht zu schämen hat? Ein Mädchen, die von der *Liebe* andere Begriffe hat, ist nicht mehr unschuldig, es fehlt ihr gewiß bloß an Gelegenheit das Opfer ihrer Sinnen zu werden.

Liebe könnte in der Welt eben so viele Glükseligkeit stiften – als sie Unheil stiftet – wenn die jungen Leute dazu angehalten würden, ihre absichtslose Reinheit zu kennen.

Wer wahre *Liebe* für eine vergängliche Sache hält, kennt ihre Natur nicht. – Nur *das* kann verschwinden, was nicht wahre Liebe war.

Wie kann ein Gefühl, das auf unumstößlichen Grundsäzzen, auf Moralität gegründet ist, je sein Ende erreichen? – Das sind bloß kurzsichtige sinnliche Menschen, die der wahren auf Grundsäzze ruhenden *Liebe* so gleich den Tod ankündigen. – Wie kann etwas aufhören, das göttlichen Ursprungs ist? Wie will der warme Gatte sich von der Seele seiner gefühlvollen Gattinn losreißen können, wenn sie so eng in einander verkettet sind, daß eine lange Ewigkeit ein zu kurzer Zeitpunkt für ihre Zärtlichkeit wäre?

Wahre Liebe ist die Mutter gränzenloser Gutherzigkeit, die Schöpferinn der Tugend: sie weis menschliche Schwachheiten in einem Gatten zu tragen, aber ahndet streng jede Leidenschaft, die zum Laster werden könnte.

Wo lebt der liebende Mann, das liebende Weib, die im Genuß der *Liebe* nicht sanft und vernünftig genug wären, ihre beiderseitigen *Fehler* bessern zu wollen? Doch ich sezze zum voraus, daß zwey Gatten Herzen gleich eifrig zur Tugend gestimmt sind, ohne dies ist es blos fruchtlose Arbeit.

Ein Weib die das Glük genießt in einer Ehe zu leben, die von wahrer *Liebe* beseelt wird, hat kein Alter zu scheuen, ihre Seele wird dadurch nicht abgenüzt, sie wächst an Schönheit, und fesselt den *Denker* eine Ewigkeit durch.

Die Frauenzimmer sind gedankenlose Thörinnen, die in ihrem Leben nicht auf Reize angetragen, denen kein Zahn der Zeit droht, – nicht auf Reizze, die den Mann feßeln *müßen*, wenn er anders kein schwachköpfiger Wollüstling ist.

Der denkende Gatte erblikt in einer gebildeten Gattinn eine Menge Vorzüge – etwas für sein Herz, etwas für seinen Verstand, etwas für seinen Wiz, etwas für seine Laune, etwas für das Gefühl der Liebe – In einer *bloß schönen*, weiter nichts, als einen alltäglichen *Vorzug* von sehr weniger Bedeutung, der auch dem Pöbel gefällt. Und kann das, was dem Pöbel gefällt, für den Denker auch werth haben?

Ein bejahrts Weib, die ihre Tage der Tugend, der Gatten- und Mutterliebe, der Duldung und Sanftmuth gewiedmet hat; ist gewiß eine eben so ehrwürdige Erscheinung, als ein alter Mann. Jede Einwendung gegen diesen Saz, ist Vorurtheil.

Bald würde das Vorurtheil, das man gegen alte Weiber hat, schwinden, wenn sie in der Jugend schon aufhörten *Weiber* zu seyn. Schwazhaftigkeit, Unsäuberlichkeit, Grillenfängerei, Andächtelei, sind Untugenden, die ihren Ursprung schon aus der frühen Jugend her haben. Das Alter und die Langweile vermehrt sie. So bald die *Vernunft* nicht die Führerinn eines Mädchens war; so wird sie die eines alten *Weibes* nie werden.

Der *Neid* eines alten Weibes ist ein großes Triebrad, um das sich alle ihre Schwachheiten drehen.

Die unerträglichsten Gattungen alter Weiber sind, die heuchlerischen Andächtlerinnen. Sie üben sich in der Kunst: Gott und die Welt zu betrügen.

Eine alte Bethschwester ist der wahre Beweis ihrer jugendlichen Thorheiten. Sie verläßt die Welt nicht eher, als bis die Welt sie verläßt. Dann erst eilt sie mit großen Schritten, um der Gesellschaft der Heiligen eine groteske *Karikatur* vorzustellen.

Wenn ich zu befehlen hätte, alle alten unvernünftigen Weiber müßten mir von frühem Morgen bis in die späteste Nacht, auf einen Lehnstuhl gebunden werden, damit sie doch dem Anlaß entgiengen, aus Neid Böses zu stiften.

Wahre Andacht wohnt im Herzen und nicht in äußerlichen Dingen.

Es giebt wenige, die so zu bethen wissen, wie sie bethen sollen.

Religion erhöht die Reize eines Frauenzimmers, aber Aberglaube und Bigoterie entstellt sie.

Ohne Religion würden die Frauenzimmer weit zügellosere Geschöpfe seyn, als die Männer, natürliche Schwäche würde ihnen den Weg zu unendlichen Ausschweifungen bahnen.

Ein Mädchen ohne Religion gleicht einem Wildfang, der nur schwer bezähmt werden kann.

Wahre Andacht auf einem schönen weiblichen Gesichte zu erblikken, übersteigt für den gefühlvollen Beobachter jeden Ausdruk!

Wer Andacht, Gefühl, und Liebe in ihrem ganzen Werth erblikken will, der beobachte ein verliebtes, bethendes Mädchen! – O Natur, dein herrlichstes Meisterstük ist in solchen Situationen unverkennbar!

Wer ist hartherziger, als Afterkristen? Wer ist unduldsammer, als Afterkristen? Wer ist gefühlloser, eigensinniger, als Afterkristen?

Mit Recht kann man einer erzürnten Andächtlerin den Namen *Furie* geben. Ihre Grausamkeit scheint unerschöpflich. Von dem Irrwahne begeistert, als ob sie mit Vertilgungssucht der Religion Dienste leistete; ist sie zu jeder Unmenschlichkeit bereit.

Eine Kokette gleicht einer verschmizten Budenkrämerin, die nur dann ihren Künstgriffen den freien Lauf läßt, wenn sich Wollüstlinge und Schwachköpfe melden.

Wer kann mit mehrerer Kälte Unwahrheit sprechen, wer mit mehr Natur sich verstellen, wer künstlicher die schwachen Männer-Herzen in die Enge treiben, als eine Kokette?

Sind die teutschen Weiber und Mädchen auch so sehr zur Koketterie geneigt? Nur die, die sich nicht schämen, den leichtsinnigen Französinnen nachzuahmen. Aber können dieß auch teutsche Biedermannstöchtern thun?

Das Gefühl einer Kokette hat nicht den Werth einer Steknadel – und doch giebt mancher seinen ganzen Reichthum dafür hin. Kann dies aber auch ein Mann thun, der Menschenkenner genug ist, um sich nicht Affektation für *Liebe* aufdringen zu lassen?

Das menschliche Leben ist viel zu kurz, als daß einer Kokette Zeit genug übrig bliebe, alle ihre Künsten ins Werk zu sezzen.

Und wenn die grösten Denker alle ihre Beurtheilungskraft anstrengen; so werden sie doch ewig nie das Herz einer Kokette enträthseln. Ist sie schön, so übertäubt sie ihre Sinnen – ist sie wizzig, so umnebelt sie ihre Vernunft – ist sie beredt, so giebt man ihr aus Höflichkeit nach und staunt sie noch oben drein an – ist sie betrügerisch, so glauben es die Männer nicht eher, als bis es zu spät ist, – es zu glauben – ist sie spröde, dann wird sie vollends angebethet. Kurz, der, der in ihr Nez geräth, hat keine andere Rettung vor sich, – als wenn er die Schlange flieht, eh sie zu zischen anfängt.

Die Eroberungssucht einer Kokette ist selbst an jenen Gränzen noch unersättlich, wo nichts mehr zu erobern ist.

Wenn die Mädchen von dem erhabenen Wort Liebe einen bessern Begriff hätten – nur wenige würden dann zu jener verächtlichen Eroberungssucht ihre Zuflucht nehmen, die ihnen nichts, als ein leeres Herz übrig läßt.

Männer sagt einer Kokette alles, was Liebe, Gefühl, und Gutherzigkeit auszeichnet, ihr Herz bleibt doch Stein.

Das künstlichste Meisterstük des heimtükischen Lasters entdekt der Beobachter in dem Bild einer Kokette.

Gebt wohl acht teutsche Biedermannstöchter auf eure Herzen, bei der Eitelkeit fängt die Koketterie an und mit dem Laster hört sie auf.

Das trefflichste Gegengift für Koketterie ist Liebe und Anhänglichkeit für einen biedern teutschen Jüngling.

Es herrscht unter den Mädchen ein verkehrter, schändlicher Geschmak, wenn sie glauben, viele Eroberungen zeichnen ihren Werth aus. Ihr irrt euch Ihr lieben schwachgläubigen Töchter, nur eine vorzügliche Eroberung ist der Beweis des Verdienstes – oder wimmelt etwa der große Haufe nicht voll Gekken, Dummköpfe und Wollüstlinge? Sind etwa die Eroberungen dieser Insekte nicht ewige Schande für denkende Frauenzimmer?

Wenn *Eitelkeit* nicht die Hauptleidenschaft der Frauenzimmer wäre, dann würden die Männer auch eine Menge Thorheiten unterlassen. Nur selten würde es einer wagen, einem Mädchen Weyhrauch zu streuen, um sie zu seinem Vortheile bis zur eiteln Närrinn zu begeistern.

Ich kenne kein schwächeres, kein schwankenderes Wesen, als ein *eitles* Frauenzimmer. Sie ist die Närrinn jedes Narren, das Opfer jedes Bösewichts.

Wenn man die kindischen Tändeleien, die vielen Affenbeschäftigungen des Puzzes, die unendlichen Künste, ihre Schellenkappen an Mann zu bringen, von einem eitlen Frauenzimmer abrechnet, – was bleiben dann ihrem Gatten noch für Verdienste übrig, um mit diesen vor der vernünftigen Welt ohne Hohngelächter erscheinen zu dürfen?

Ein eitles Frauenzimmer gleicht einer verrükten Person, sie sezt ihre lächerlichen Grimassen in eines jeden Gegenwart fort, und buhlt um den Beyfall der Zuschauer auch aus der niedrigsten Klasse.

Eitelkeit und Schwachheit sind unläugbare Erbtheile der Frauenzimmer. Warum sezzen sie ihnen nicht frühe genug Philosophie und Geistesstärke entgegen? Sind die weiblichen Unvollkommenkeiten nicht eben so bezwingbar als die männlichen? Ganz gewiß, wenn Sie nur wollen meine Freundinnen!

Ich wundere mich nicht, daß so viele Frauenzimmer ihr ganzes Leben durch an der Eitelkeit kränkeln. – Die Mütter stekken sie mit gleicher Schwachheit schon in der Wiege an, und die Männer nähren sie im Mädchenalter durch Schmeicheleien.

Nicht jedes Mädchen ist eitel, die sich standesmäßig und mit Geschmak kleidet; aber die sind eitel, die ihre Köpfe und Körper in eine Mode zwingen wollen, die ihrem ganzen Wesen widerspricht.

Beim Puztische muß ein Mädchen nie dem Urtheile der Männer glauben –. Entweder loben sie alles aus Schmeichelei, oder sie tadeln alles aus Allklugheit, aus Männergrille.

Es giebt Männer, die sich ein unumschränktes Recht anmaßen, auch über den artigsten, wohlgeordnetsten Puz zu spotten. Dergleichen großmauligte Hansen reiten dies Stekkenpferd blos darum, um ihre eigne Eitelkeit durch eine uns angemasste zu verbergen. Weisen sie diese unartigen mit munterem Wiz in ihre Sphäre zurük meine Freundinnen, wenn ihnen hie und da einer aufstossen sollte.

Ein junges Frauenzimmer muß den Hang auf eine vernünftige Art, auch in ihrer Kleidung zu gefallen, nicht ablegen, sonst wird sie zur gleichgültigen Schlampe oder zur Karikatur aus dem vorigen Jahrhundert. Was kann diese Klugheitsregel dafür, wenn sie von einigen überstiegen, von andern gar nicht benüzt wird?

Nehmt den Mädchen den Trieb zu gefallen, und es bleibt euch in ihnen nichts übrig, als unthätige Geschöpfe. Gebt ihnen Grundsäzze, die sie lehren zu erst mit der Seele, und dann erst mit dem Körper zu gefallen. Ich stehe dafür, die welche darüber nachdenken lernten, werden diesen Trieb zu gefallen, nicht blos sinnlich benüzzen.

Ein junges Mädchen, welche die Nachläßigkeit in ihrer Kleidung zu weit treibt – wird am Ende so unreinlich, daß sie selbst ihre Seele nicht mehr sauber hält.

Wenn du wissen willst, ob eine wohlgeordnete, reinliche Seele in einem Mädchen wohnt, so beobachte ihren Anzug. Leichtsinn und Unordnung in der Kleidung, – verrathen Grundsäzze, die nicht viel taugen. Wer auf solche Kleinigkeiten nicht achtet, der wird über kurz, oder lang unfähig auf größere Pflichten zu achten.

Das Mädchen, das in ihrer Kleidung, in ihren Handlungen Faulheit einreissen läßt, ist nicht werth geliebt zu werden. Wer weis, ob dieses schändliche Laster am Ende nicht so um sich greift, daß sie für Gattenliebe und Wirthschaft ganz untauglich wird?

Nur das Mädchen kann ich schäzzen, die im Hauswesen keinen Schritt thut, ohne ihr sorgfältiges Auge auf Dinge zu heften, die blos da liegen, um von ihr in jene Ordnung gebracht zu werden, die der thätigen Beschäftigung eines Mädchens Ehre macht.

Ich kann nicht begreifen, wie es Frauenzimmer geben kann, die in einem Hauswesen über Langweile und wenige Arbeit klagen. – Für die welche aus Pflicht, aus Ehrengefühl arbeiten wollen; sind selbst ihre Lebenstage zu kurz. – Wohlgemerkt für die – welche arbeiten wollen.

Wer Wollust, Verzärtelung, üble Laune, Lüsternheit, kurz wer das Bild einer lebendigen Todten sehen will, der beobachte ein müßiges Frauenzimmer!

Ich will glauben, daß die Männer über das weibliche Geschlecht nicht ganz ohne Grund klagen, wenn es hier, oder dort ein Frauenzimmer wagt, sich mit geistigen Beschäftigungen abzugeben, – die meisten richten ihre Beschäftigungen so wenig vernünftig ein, daß ihnen nicht einmal Zeit genug zum Hauswesen übrigbleibt, geschweigen zu den geistigen Beschäftigungen. – Wenn aber ein thätiges Frauenzimmer ihre Sachen so einzurichten weiß, daß eins mit dem andern besorgt wird: was geht es dann die Männer an, wenn wir unsere müßigen Stunden mit Lesen oder Schreiben ausfüllen wollen? – Ist es nicht rühmlicher, sie so, als zu gedankenlosen Beschäftigungen zu benüzzen? – Dort nikt mir ein freundlicher nicht neidischer Philosoph ein gnädiges Ja zu! – Giebt es denn unter den Männern auch freundliche Philosophen???

Mann und Weib haben in der Welt ihre angewiesene Beschäftigung, der zu erst aus seiner Sphäre weicht, eh er seine Standespflichten erfüllt hat – ist der Schöpfung nicht würdig.

Man behauptet, die Weiber wären zu ernsthaften Geschäften nichts nüzze. Hierinnen haben die Herren Männer nicht ganz unrecht – aber man erzieht uns schon darnach, daß wir zu ernsthaften Geschäften nichts nüzze werden können! – Auch wieder ein Glük für die männliche Welt – wenn wir überall in ihre Geschäfte hinein gukken dürften, wie bald würde Sie ihre strenge Regierung niederlegen. – Wie leicht würden dann die Männer Weiber und die Weiber Männer werden. Aus welcher Ursache? – Die welche es angeht, mögen es sich selbst enträthseln.

Es ist ein sonderbarer Anblik, wenn man in Gesellschaften zusieht, wie ein Geschlecht das andere unter tausend Spizfindigkeiten herabzusezzen sucht – wie jedes den Vorzug in der Schöpfung behaupten will und doch kann keines ohne das andere bestehen. Ich denke immer die wechselseitigen Fehler würden einander wohl aufwiegen, wenn man beim weiblichen Geschlechte die wegrechnete, woran die Männer selbst schuld sind. – Wenn die Männer in ihren Leidenschaften nicht so ausarten, so haben sie es viel der guten Erziehung zu danken, die sie von Jugend auf zur Festigkeit anhält, und die wir nicht genießen – man überläßt uns blos dem Ungefähr.

Es giebt Augenblikke, wo uns die Männer für sehr unbedeutende Wesen halten – zum Glükke, daß diese Augenblikke selten lang dauern – sonst wären sie unglüklicher, als wir. – Was wäre ihr Leben, was wären ihre Geschäfte ohne unsere Aufmunterung? Man weiß es ja aus Erfahrung, was für ein rohes Murmelthier ein Mann ist, der ohne Gattenliebe seine Tage verbrummt und verfaullenzt.

Die Natur hat, als sie beide Geschlechter schuf, die beste Einrichtung getroffen. Diese gütige Mutter versah sie mit hinlänglichen Anlagen, um wechselseitige Tugend fortzupflanzen. – Was kann der Mann durch Männersinn und das Weib durch Sanftmuth und Vernunft nicht alles ausrichten?

Man erblikt in gewißen Augenbliken in beiden Geschlechtern doch immer den Menschen, sie mögen noch so sehr darauf antragen, ihn durch Vernunftschlüße zu verbergen.

Wohl dem Manne, wohl dem Weibe, die sich nicht nicht als schwache Menschen dünken, – sie sind viel weiter vom Falle entfernt, als jene phylosophischen Praler, die sich über *menschliche Schwäche* erhaben glauben. Hängt nicht auch der stärkste Sterbliche blos von einem unglüklichen Augenblike ab?

Ein Mädchen begehet immer die gedankenloseste Unbesonnenheit, wenn sie kühn auf ihre augenblikliche Tugend, über ihre schwächern Freundinnen die Nase rümpft.

Nur die Mädchen sind klug, die beim Falle anderer das Mißtrauen gegen sich selbst vermehren.

Vorsicht ist die Schuzwehr der Tugend. Warum die Gefahr nicht mit aller Stärke des Geistes fliehen, wenn man seinen Untergang durch eine innere Stimme, und diese spricht bei einem noch unverdorbenen Mädchen gewiß allezeit – zum voraus ahndet?

Mädchen traut eurer Stärke im Männerumgange nicht zu viel, sie haben tausend Kunstgriffe bereit, eure Schwäche zu überraschen.

Wie beredt ist nicht der Betrüger, wie sanft der Schleicher, wie begeistert der Wollüstling, wie wizig der Stuzzer, wie laurend der Häuchler, wie künstlich sind sie nicht alle, um bei schwachen unerfahrnen Mädchen Blossen zu entdekken, die sie auf eine schändliche Art zu benüzzen sich vorgenommen haben!

Das Mädchen handelt am klügsten, die sich an der Seite eines Jünglings so lange mit Mißtrauen bewaffnet – bis sie seine Grundsätze, sein Ehrengefühl, seine absichtslose Neigung ganz geprüft hat.

Wenn die Mädchen nur wollen; so sind die Jünglinge gezwungen in ihrem Umgange, wenigstens aus Lebensart, die Sprache der Hochachtung zu führen. Ich möchte den Grobian sehen, der eine andere Sprache als diese wagte, so bald ein Mädchen Denkerinn genug ist, ihn ohne Affektation, ohne Ziererei, mit Würde in jene Schranken zurückzuweisen, die er dem Wohlstande schuldig ist.

Freundinnen gebt genau acht auf die Sprache eines Jünglings, wenn ihr ihm nur eine einzige Silbe Anzüglichkeiten hingehen läßt – dann werden sie nach und nach sich so anschwellen, daß ihr sie nicht mehr zu bemeistern im Stande seid. Und die Folge? O daß ich es sagen muß – Verführung meine Besten!

Ich wünschte, daß die Mütter ihre Töchter so frühe als möglich in Männergesellschaften führten, damit ihnen der Verführungston bekannter würde. Erst dann würden die Mädchen sich gegen ihre Kunstgriffe mit Erfahrung und Vernunft waffnen können!

Welches unerfahrne Mädchen kann vor der Gefahr zittern, wenn ihre Abgründe ihr noch ganz unbekannt sind?

Wenn die Mutter Menschenkennerinn ist; so wird es ihre Tochter auch werden, wenn sie anders nicht ausartet. Dies schöne Studium ist wahrlich die beste Mitgabe, die Sie ihr geben kann, es wird sie für Betrug und Verführung schüzzen.

Ein Mädchen, die sich in Gesellschaften frühe schon gewöhnt, die Beobachterinn ihrer eigenen und anderer Fehler zu werden, wandelt gewiß dem Wege der Tugend zu; denn Leichtsinn oder Eitelkeit wird nicht so leicht ihre Seele übertäuben.

Man muß zu erst Denkerinn seyn, ehe man Beobachterinn werden kann.

Wo kann ein Mädchen die Welt, ihre gute und schlimme Seite beßer kennen lernen, als in Gesellschaft? Versteht sich – an der Seite ihrer Mutter, oder Erzieherinn.

Die sanften, mitleidigen Empfindungen eines Mädchens werden im Umgange beßer geübt; sie erhalten durch Welt und Menschenkenntniß jene vernünftige Richtung, die der Denkerinn Ehre machen.

Ein unerfahrnes Mädchen, deren Empfindungen blos die Wirkungen ihrer natürlichen Güte sind, wird nie zu so großen, edlen Handlungen fähig, als die Denkerinn. Gute Handlungen müßen nach Plan, Ordnung und Zwek ausgeübt werden, sonst gränzen sie an alberne Güte, nicht an Edelmuth.

Nur der ist edel, der sich selbst über dem Wohl anderer vergißt. – Nur die handelt edel, welche eine Wohlthat, eine Dienstleistung im Feuer ihrer gutherzigen Begeisterung ausübt, wo minder großmüthige nicht den Muth dazu haben.

Dem Unglüklichen Geld hingeben, kann jeder reiche Thor, aber ihn, da mit milder Hand aus dem Abgrund herausreissen, wo ihn jederman verläßt, das ist edel!

Glauben sie mir, meine Freundinnen, es giebt oft verfolgte Unglükliche, wider die der Pöbel seine Stimme erhebt. Mit diesen in ihrem Elend eine Thräne weinen, ist mehr werth, als meine Feder auszudrüken vermag.

Uiberhaupt besteht Edelmuth in dem, was keine niedrige Seele unternimmt. – Sie ist der schönste Sieg der Vernunft, und des Gefühls.

Wenn ich die Schöpfung in ihrer Größe, die Natur in ihrer Wohlthätigkeit, den Werth des Menschen in seinem ganzen namenlosen Umfang erbliken will; dann erscheint mir das Bild eines edelmüthigen Frauenzimmers.

Im Ganzen genommen lassen sich von der Edelmuth keine Regeln angeben; diese schöne göttliche Tugend erstrekt sich überallhin, wo kein gemeiner Sinn hinlangt, überallhin, wo nur grosse Seelen hinreichen können. Gewiß wird sie bei niedrigen, eigennüzzigen Seelen nie ihren Wohnsiz aufschlagen.

Eine edelmüthige Seele ist kühn in ihren Unternehmungen; wenn es auf die Rettung eines Freundes ankömmt, wagt sie da alles, wo kleindenkende feige Seelen nichts wagen. Sie ist groß im Verzeyhen; da, wo andere Rache ausüben, verzeyht sie. Kurz, sie ist in jeder ihrer Handlungen so unsterblich, daß nur die ihr nachahmen können, die von einer gleichen Begeisterung beseelet werden.

Nun auch ein Wörtchen von der Ehe und ihren Verbindungen!

Dies göttliche Land scheint ganz zur Beförderung menschlicher Glückseligkeit bestimmt zu seyn, und doch wird es nicht selten die Störerinn derselben. Ei woher kömmt denn diese entgegengesezte Wirkung? Aus dem unverzeyhlichen Irrthum, unter dem es meistens geknüpft wird. Nur wenige treten mit jenen unbefangenen, reinen Herzen, mit hinlänglichen, moralischen Grundsäzzen in den Ehestand; wie es Liebe, – Vernunft – und Sittenlehre fordern.

Gott! warum gleichen doch die meisten Ehen einem Tausch, wobei Eigennuz, Dummheit, Wollust oder überspannte Empfindelei das Wort führen? Wie kann dies Band dauern, wie kann es die menschliche Glückseeligkeit beförden helfen, wenn es auf so hinfälligen, wurmstichigen Säulen ruht?

Die meisten Aeltern befördern und erzwingen so gar die Verbindungen ihrer Kinder aus Eigennuz, Herrschsucht, Eigendünkel, Vorurtheil u.s.w. Die Kinder gehorchen ihnen dann aus Schwäche, Unerfahrenheit, aus Lust zur Freiheit, aus Sinnlichkeit, aus Mangel an wahrer Liebe, aus Gedankenlosigkeit u.s.w. – Menschenfreunde vertilgt zu vor diese Barbareien; dann erst wird das Band der Ehe jenes Menschenglük beförden helfen, das man von ihm erwartet.

Es giebt leider Aeltern, die das wichtige Gefühl der Liebe, die Neigung und harmonirende Grundsäzze der Brautleute erst dann nur obenhin überdenken, wenn ihr Eigennuz und andere schändliche Leidenschaften schon befriediget sind. Was läßt sich wohl von dergleichen Verbindungen erwarten? Das was man täglich sieht: Zank, Hader, Ausschweifungen, – Trennung, oder Verzweiflung!

Ich habe während meinen Beobachtungen nur wenige alte Leute gefunden, die nicht mit einer Kälte, worüber einem die Haut schaudert, mit einer Stärke des Vorurtheils, das jeden Fühlenden entsezzen muß, kurz, mit solchem beißenden Spott, der den Menschenfreund zittern macht, von Neigung und Liebe gesprochen hätten! Weg ist bei diesen Unduldsamen jene empfindsame Begeisterung, die ihnen Mitleid einflößen könnte!

Ich fodere nicht, daß Aeltern jede Unbesonnenheit der Jugend billigen sollten, nicht, daß sie Empfindelei für Liebe halten, nicht daß sie dem Eigensinn, Schwäche entgegensezzen u.s.w. – Aber ich wünschte, daß sie mit Sanftmuth Unbesonnenheiten verhüten, mit Vernunft wirkliche Liebe von der Empfindelei unterscheiden; die erstere aus Vorurtheil nicht wie die leztere behandeln, – kurz, ich wünsche, daß sie in kleine Vergehungen willigen, um grössere Verbrechen zu verhüten, mit denen nicht selten, auch öffentliche Schande verknüpft ist. Nur zu oft machen die bis zum höchsten Grade gestiegenen Leidenschaften den Aeltern mehr Schande, als ihren Kindern jede Widersezlichkeit in der Liebe. Warmes Blut, und die daraus entspringenden Fehler entschuldigt selbst der Schöpfer – Aber kaltes Blut und boshaftes Uibergewicht, barbarischen Vertilgungsgeist, – wer wird einst diese entschuldigen?

So bald der Freier ein biederer Jüngling ist, der Fähigkeiten genug besizt, sich und die Seinigen zu ernähren – sobald das Mädchen einen unbescholtenen Ruf, ein gutes Herz, einen gebildeten Geist mit in die Ehe bringt, wozu dann Reichthum und Ansehen? – Aeltern, überläßt doch der Vorsehung und dem Fleiß junger Liebenden auch etwas!

Nach den Grundsäzzen einiger sinnloser mürrischer Freudenstörer müßte man jedem Armen den Ehestand verbieten. – O Gott, wie elend würde es dann um das menschliche Geschlecht aussehen? – Hieße es nicht die ohnehin stark einreißenden Ausschweifungen befördern helfen? – Wo käme es am Ende mit dem Menschengeschlechte hin? – Was würde aus dem Winke der Vorsehung, der uns besonders bei Nahrungssorgen so deutlich an die Allmacht zu erinnern scheint.

Wenn Geschöpfe wirklich harmoniren? ich meine nicht blos von der Oberfläche, wenn sie wirklich durch lange Erfahrung harmoniren, Hände und Kopf haben, mit Stärke des Geistes Uiberfluß zu entbehren wissen, feste Grundsäzze genug, um in jeden Schiksalen des Lebens tugendhaft auszuharren, was brauchen sie mehr, um glüklich zu seyn?

So duldend diese Grundsäzze für ächte Liebende sind – eben so feurig wünsche ich, daß diejenigen, welche blos aus sträflichen Absichten lieben, sich keinen schiefen Begriff davon machen mögen. – Jünglinge und Mädchen, die in der Liebe nicht Vernunft und Uiberlegung zu Führerinnen wählen, werden bald die Früchten ihrer Thorheiten empfinden.

Es giebt junge Leute, die in der Liebe zum Ausharren zu feige sind, ihre Leidenschaften übermannen sie; sie trozzen dem Schiksale auf eine tollkühne Art – laufen in die weite Welt, ohne Plan, ohne Aussicht. So was gränzt an Raserei, nicht an wahre Liebe.

Ziehen wir uns nicht einen großen Theil der Schiksale selbst zu? – Wenn wir leidenschaftliche Unbesonnenheiten begehen, wenn wir als leichtgläubige Thörinnen da trauen, wo wir nicht trauen sollten; wenn wir verrükte Dinge unternehmen, die nicht auf Plan nicht auf Ueberlegung gegründet sind?

Wenn sich das Laster selbst straft, ist es dann die Schuld des Schiksals, daß Verzweiflung es ergriff?

Der Mensch kann sein Herz nach und nach so verwüsten, daß er sich vor seinem Bild entsezzen würde, wenn es ihm in der wahren Gestalt erschiene.

Neid und Eigenliebe sind Leidenschaften, die im weiblichen Herzen eine solche Stärke erreichen können, daß der Beobachter erstaunen muß, – wenn er ihre Verwüstungen untersucht.

Man sagt: es sei besser zehen Männer ganz beleidigen, als nur ein einziges Weib halb.

So bald ein Frauenzimmer über eine Stunde lang trozzen kann, ohne einige Zeichen der Versöhnung von sich zu geben; dann wehe ihrem Herzen, es wohnt schwarze heimtükkische Rache darinnen!!

Menschen die ihren Zorn schnell auslassen, sind weit weniger zu fürchten, als die, welche ihn im Herzen herumtragen. Je länger dieser im verborgenen wütet, desto mehr Unglük brütet er aus.

Wie kömmt es doch, daß der weibliche Zorn jeden Ausdruk übersteigt? – Wie kömmt es, daß ein Weib leichter zehenmal zur Furie wird, eh' es der Mann nur einmal dazu bringt, Teufel zu werden?

Ich denke immer, die Unversöhnlichkeit der Weiber entspringt aus der Quelle ihrer starken Reizbarkeit. Gesellt sich nun zu dieser Schwäche noch beleidigte Eitelkeit und schlechte Erziehung, dann steht die Furie in weiblicher Gestalt vor uns!

Nachdenken allein könnte das weibliche Geschlecht in jenen sanften Empfindungen erhalten, wozu es von Gott und der Natur bestimmt wurde. Nachdenken giebt der weiblichen Seele jene Stärke, die sie bedarf, um moralisch gut zu werden.

Selbst Schmäh- und Verläumdungssucht müßte unter den Frauenzimmern verschwinden, wenn sie daran gewöhnt würden, über die Häßlichkeit dieses schändlichen Lasters mehrer nachzudenken.

Wie entstellt wird die sanfte Bildung eines Frauenzimmers, wenn sie ihre Züge zum Verläumden anstrengt.

Verläumdungssucht und Schwazhaftigkeit rechnet man gewöhnlich zu den Lieblingsleidenschaften der Weiber. – Aber es giebt leider in unsern Zeiten auch Männer; die in Weiberrökken stekken – Pfui, das ist schändlich – mehr als schändlich!!!

Ein schwazhafter, schmähsüchtiger Mann macht der Natur weit größere Schande, als ein schwazhaftes, schmähsüchtiges Weib. Ein Mann entheiliget durch diese schändliche Gewohnheit Bürgerpflicht, Duldung, Vernunft, kurz sein ganzes Geschlecht, von dem man edlere Grundsäzze erwartet.

Wer den wahren Urheber einer Klatscherei mit Gewißheit entdekken will, der beobachte die Unruhe des Verdächtigen, seinen Verthaidigungseifer, den empfindlichen Antheil an dem Verweise, sein böses Gewissen wird sich unstreitig so äußerst sprechend verrathen, und wenn auch der Beleidigte nur von ferne auf ihn zielte.

Der wahre Beweis der Unschuld ist die stille Ruhe des Beschuldigten in dem Augenblikke, wo ihm etwas direkte oder indirekte vorgehalten wird. – Seine Empfindlichkeit ist gewiß von ganz anderer Gattung, als die des Schuldigen. Er wird nur augenbliklichen Schmerz empfinden; da indeßen der andere tobt, lärmt um den Verdacht von sich abzustreifen. O ihr elenden Insekten, euer Gift verräth euch von selbst!

Wozu Vertheidigung, wann sich das Herz keines Fehlers bewußt ist? Wahre Unschuld ist so fest, daß das Laster mit all seinen Kniffen sie nicht erschüttern kann.

Es giebt auch eine Gattung Geschöpfe, die ihren Nächsten aus bloßer gedankenloser Dummheit verläumden; indeßen ist die eigentliche Triebfeder doch immer mit Bosheit verschwistert.

Ein wirklich gutes Herz kann den Niederträchtigen fliehen, den Thoren belachen, den Schwäzzer fürchten, aber keinen von allen hassen.

Ich wünschte nichts sehnlichers, als daß ein guter Genius dem Verläumder, so oft er dies löbliche Handwerk treibt, den Spiegel vorhielte, worinnen er seine eigenen Fehler erblikte.

Dem Menschenfreund muß es unbegreiflich seyn, wie's Christen geben kann, die sich um das Thun und Lassen Anderer erkundigen. Man sollte glauben, wenn Nächstenliebe und Duldung sie nicht von dieser elenden Beschäfftigung zurükhielte; so würde es doch das Ehrengefühl dazu bringen können.

Was ist Ehre? die zarteste, edelste Empfindung, die sich nie in einem schmuzzigen Herzen festsezzen wird.

Besässen die Menschen das Gefühl der Ehre nicht, sie würden in ihren Handlungen bis zum Vieh herab sinken. Was Tugend und Religion über die Leidenschaften nicht vermag, das bleibt der *Ehre* übrig.

Wohl denen Aeltern, die ihre Kinder schon frühe an dieses herrliche Gefühl gewöhnen. Wohl denen Erziehern, welche die Kunst besizzen, ihren Zöglingen Ehrengefühl ohne Eitelkeit, ohne Hochmuth, ohne Rachsucht einzuflößen. Spannt man aber dieses Gefühl in der Erziehung zu hoch: dann wird es in einem jungen Herzen eben so geschwind zur Chimäre, als es sonst zur Wohlthäterinn geworden wäre, wenn es auf Vernunft gegründet ist. Daher die Rasereien der Jugend, Duell, Mord, Tollheit u.s.w.

Es giebt Menschen, die ein übertriebenes Ehrengefühl besizzen, und sich dadurch das Leben zur Hölle machen. Dieses Gefühl ist nicht wirkliche *Ehre*, es ist mehr überspannte Narrheit, heimlicher Hochmuth.

Wer die herrlichen Wirkungen der Ehre untersuchen will, der beobachte Leute von Erziehung und den Pöbel. Himmel, welch eine Verschiedenheit in ihren Handlungen!

Die weichsten Herzen sind zu den Eindrükken der Ehre auch die empfindlichsten. Mütter, was könntet ihr aus euern Töchtern für engelreine Mädchen erziehen, wenn ihr die Kunst verstündet, ihre kleinen weiblichen Eitelkeiten zum Ehrengefühl umzustimmen!

Was macht den mächtigen *groß*, das weibliche Geschlecht keusch und bescheiden, den Bürger zum biedern und arglosen Mann, als *Ehre?*

Woher entstehen die Zügellosigkeiten des Pöbels, woher Dieberei, Mord, Niederträchtigkeit, Unversöhnlichkeit, Eigennuz, Verläumdung, als vom Mangel an *Ehre?*

Wenn Aeltern in ihren Kindern das Gefühl der Ehre so rege zu machen wissen, daß es zu ihrer Beßerung blos eines Winkes bedarf, was bleibt diesen Glüklichen dann noch für ein Wunsch übrig, um alles von ihren gut erzognen Kindern zu hoffen?

Ein Mädchen ohne Ehrengefühl ist eben so verächtlich, als ein Mann ohne Muth.

Das reizende Wort *Ehre* erhält in einigen Menschenköpfen so vielerlei Auswüchse, daß man darüber erstaunen muß, wenn man es in übertriebenem Ehrgeiz ausarten sieht. Was macht den Höfling kriechen, den Niederträchtigen zum Kabalisten, als der falsche Begriff von Ehre? Was den Dummkopf von seiner irdischen Höhe aufgeblasen auf andere hinabblikken? Was den Krieger barbarisch, den Bonzen verschmizt, den Redner zum Hanßwursten, den Schriftsteller zum Gekken, die Weiber zu Buhlerinnen, als eben der Mißbrauch dieses Worts? Es giebt Menschen, die im Laster ihre Ehre suchen. Sie kann die Triebfeder zu allem Guten, aber auch der Sporn zu allen Thorheiten und Lastern werden.

Man behauptet, daß jeder Mensch mit einer gewißen Gattung Ehrengefühl gebohren wird. Wenn nun diese schöne Anlage nicht benüzt, nicht mit Vernunft fortgepflanzt, oder gar unterdrükt wird; an wem liegt dann der Fehler, als an Aeltern und Erzieher? Ist es die Schuld der Natur, wenn ihre Zöglinge vernachläßigt werden?

Wie kann dies fürtreffliche Gefühl in jungen Herzen zur Reife kommen, wenn es schon in ihrer Blüthe erstikt wird? Durch rohe Behandlung, durch Schläge und übels Beispiel erstikt wird?

Aeltern, wenn ihr euern Kindern durch pöbelhafte Behandlung, das Gefühl der Ehre aus ihren Herzen verdrängt; dann dürft ihr jede Niederträchtigkeit von ihnen gewärtig seyn.

Unsere Vorältern wagten um das Wörtchen Ehre, Leib, Gut und Blut. Aber jezt ist es so bis zur Galanterie herabgesunken, daß es die milchbartigen Nachfolger mehr im Spaß, als im Ernst aussprechen.

Ehedessen hieß es: ein Mann ein Wort; jezt kann man bald sagen? ein Weib ein Wort; denn wenn das weibliche Geschlecht seine Versicherungen nicht aus Festigkeit des Karakters realisirt; so geschieht es bei ihm doch gewiß aus Eitelkeit. Immer besser, als gar nicht.

Die schönste Zierde eines deutschen Biedermanns ist, wenn er lieber Wort hält – als blos verspricht – Im Versprechen bedachtsam, im Worthalten feurig, dies zeichnet den Biedermann aus.

Der Mann, der gerne verspricht, hält gewiß desto schwerer Wort.

Wozu taugt wohl ein wortbrüchiger Mann, als um der Schande doppelte Schande zu machen?

So bald die Menschen untereinander nicht mehr auf Wort und Treue glauben können. Dann häuft sich gewiß auch das menschliche Elend. – Wortbrüchigkeit droht jeder gesellschaftlichen Pflicht den Sturz.

Wortbrüchigkeit an einem Freund, übersteigt jede Marter! Kann man dem Unglüklichen mehr thun, als das Heiligste, was er hingab, sein Zutrauen mißbrauchen? Besser den Dolch geradezu ins Herz, als schmeichelnde Niederträchtigkeit.

Freundschaft ist das gewöhnlichste Wort, wie kann es das heiligste seyn?

Sind die halb erschlaften Herzen unsrer jezigen Teutschen nicht zu kalt zur Freundschaft? – Wie viele Reihen unsrer jezigen Männer müßte man durchirren, bis man nur einen fände, der es in dieser Neigung seinen Vätern nachmachte?

Wer Freund im wahren Verstände seyn will, der muß die Fehler seines Freundes zu seinen eigenen rechnen sich selbst über den Freund vergessen; da groß und wohlthätig handeln, wo er seiner bedarf; je mehr er Fehler in seinem Freund erblikt, desto feuriger muß er an seiner Besserung arbeiten; selbst im Taumel der Leidenschaft muß der Freund dem Freund treu und standhaft anhängen, sich nicht durch pöbelhafte Schwäche in einem Zeitpunkt abstreifen lassen, wo minder edle von ihm weichen würden; kurz, er muß des Freundes Handlungen alle mit so viel Sorgfalt untersuchen, als ob die Natur ihn dahin gestellt hätte, um fest unzertrennlich an ein Wesen gekettet zu seyn, welches alle die Wohlthaten von der wahren Freundschaft zu erwarten das Recht hat.

Zeigt mir den Mann, zeigt mir das Weib, die fähig sind, Freundschaft nach dem wahren Sinne des Worts den kalten Menschen begreiflich zu machen? Zeigt mir sie – und die Welt soll mich dann nicht mehr, ein Sammelplaz so vieler zur Freundschaft Unwürdiger dünken.

Die Menschen unter sich würden weit eher zur wahren Freundschaft fähig seyn, wenn sie dieses herrliche Wort nicht hätten zum Alltagsspruch werden lassen. – Wenn sie ihre Verbindungen mehr auf gleiche Grundsäzze gründeten, wenn sie die häufigen Seeligkeiten dieser holden Menschenbeglükkerinn nicht so oft aus Fühllosigkeit, Unvernunft und Vorurtheil von sich stießen.

Ein leeres Herz, das nie für Freundschaft offen stand, eilt schnell jenem Zustande entgegen, der an Langweile, Missvergnügen und Schlafsucht gränzt. Ist wohl ein solches Leben dem Tode vorzuziehen?

Sperrt mich ein, martert mich, verfolgt mich unterdrükt mich; aber gebt mir nur einen wahren Freund an die Seite.

Der Mensch ist zum gesellschaftlichen Leben geschaffen, in der grossen Welt genießt er es bloß im gedankenlosen Taumel; an der Seite eines wahren Freundes hingegen, in namenloser Wonne!

Ich möchte, wenn es möglich wäre, den Mädchen allen, Neigung zur wahren Freundschaft einflößen. Dies wäre unstreitig das beste Mittel, ihre Herzen gegen den Neid zu sichern.

Glauben Sie mir Freundinnen, nicht die Freundschaft ist gefährlich, wie man es im gemeinen Sprichwort dafürhält – sondern bloß ihre Wahl.

Sanftes Mädchen, wenn du dir einen Freund aus dem andern Geschlechte wählen willst; so trage darauf an, daß er dir nicht mehr und nicht minder als Freund ist.

Ist es wohl eine so leichte Sache unter dem weiblichen Geschlecht Freundschaft anzutreffen? – Welche von Ihnen meine wertheste Leserinn hat Lust, mir diese Frage zu beantworten? – Ich bin zur Fehde, oder zum Frieden bereit; wie sie wollen. Aber jezt diese Frage öffentlich zu entscheiden, – darf ich um der schadenfrohen Männer willen nicht, so offenherzig ich auch sonst immer bin – nebst dem ist mir auch nicht wenig daran gelegen, ihre Empfindsamkeit zu schonen.

Empfindsamkeit ist ein trefliches Wort, wenn es nicht aus einer unwürdigen Quelle entspringt. Eigenliebe, Schwachheit, süße Romanen lesen, das Sirren eines Mondsüchtigen Liebhabers anhören, macht auch empfindsam; aber auf eine ganz andere Art. – Es giebt Mädchen, die über Empfindelei die wahre Empfindsamkeit vergessen.

Das, was die Zunge auf unzählige Arten zu verschonen weiß, das, was blos dem Ohre des Zuhörers gefallen will, das, was sich bei jeder Kleinigkeit unter Winseln und Seufzen ausdrükt, das, was bei dem Tode einer Mükke in Thränen übergehen kann, ist gewiß nicht wahre Empfindsamkeit, ist blos Affektation und Empfindelei. Ich kann mir nicht vorstellen, daß ein solches empfindendes Geschöpf bei Auftritten, die das Wohl der Menschheit betreffen, gerührt werden würde. – Wahre Empfindung ist nicht gesprächig – sie wohnt im Herzen, nicht im Munde.

In unserm Jahrhundert ist Empfindelei so zur einreißenden Sucht geworden, daß es wohl wider den großen Ton seyn würde, wenn sich nicht die meisten Mädchen recht fleißig bemüheten, blaßgelbe Empfindlerinnen zu werden. Gewinnt ein Gatte, gewinnt das Hauswesen dabei, wenn ihm eine solche Winslerinn zu Theil wird?

Liebe macht ein empfindsames Wesen schwermüthig, das ist nicht zu läugnen! – Aber diese Schwermuth ist stumm, verbirgt ihre Leiden, drükt sich durch Zeichen aus, die sich nicht nachahmen lassen.

Empfindelei hingegen ist Affengeschwäz, Schein, Nachahmung, leerer Schall, der nicht die geringste Probe aushielte, wenn der Kenner seinen Ursprung untersuchen wollte. Wahre Empfindung ist mit der Natur so übereinstimmend, daß dem Beobachter da, wo er sie gewahr wird, nicht der geringste Zweifel mehr übrig bleibt.

Es geht doch wunderlich zu in der Welt, alte Leute halten fast alles für Empfindelei, Junge alles für wahre Empfindung. O Wirr Warr! O Mißverstand.

Wer kömmt weiter in der Verbesserung seines Herzens; der Freimüthige, der alles gerade und bieder heraussagt – und wenn es auch seine eigenen Fehler beträfe – oder der Verschlossene, der durch Zurükhaltung weder seine eigene noch anderer Besserung befördern kann???

Edel freimüthig ist nur derjenige, welcher seine eigene Thorheiten, in Gegenwart anderer nicht schont. Wozu Ziererei und Verstellung; da wir alle doch blos Menschen sind?

Kein Denker wird dem Schriftsteller Freimüthigkeit verargen, so bald er sich anders nicht bis zum Paßquilliren herabwürdigt. Wenn der Sittenbeobachter mit Thorheiten und Lastern Komplimenten macht, wie weit wird er es dann in der Sittenverbesserung wohl bringen?

Das gesellschaftliche Leben hat seine Pflichten; wer sie nicht halten will, der entferne sich davon. Besser, als in demselben wie ein Erzgrobian erscheinen.

Wenn wir im gesellschaftlichen Leben keine Regeln des Wohlstandes beobachten wollten, wie bald wäre jede Harmonie unter den Menschen zertrümmert! Wie bald gliche jede Versammlung einer Bierstube, worinnen Zügellosigkeiten von allen Gattungen zum Vorschein kommen.

Eine der ersten Grobheiten im gesellschaftlichen Leben ist, wenn man unvernünftig genug seyn kann, den eintretenden Fremden mit Fragen zu überhäufen. Selbst die gleichgültigste Frage kann oft den Gefragten in Verlegenheit sezzen. Nicht alle Menschen sind zum Antworten bereit – nicht alle können Antworten – und die wenigsten antworten gewis nicht mit gutem Willen.

Uibertriebenes Fragen sezt Verdacht, oder nasenweise Neugierde zum voraus. – Ei, wie kann es doch Menschen geben, die diese löbliche Gewohnheit an sich haben? – Was einer in Gesellschaften gerne sagt und sagen darf, wird er sagen, ohne daß er gefragt wird.

Für den neugierigen Frager weiß ich kein besseres Gegenmittel, als ihn wieder mit Fragen zu überhäufen. – Da läuft denn der Fuchs so hübsch in seine eigene Falle, daß es eine Freude ist, den schlauen Dieb überlistet zu haben.

Freundinnen! – Ich kann das Fragen nicht leiden! Sonst würde ich sie jezt fragen, ob sie mit meinem guten Willen, mit meiner ungeheuchelten Aufrichtigkeit, mit meinem bischen angewandten Fleiß, sie zu unterhalten, mit meinen komisch-ernsthaften und aufrichtigen Launen, womit ich dieses Werkchen bei angehäuften Haushaltungsgeschäften, oft sehr zerstreut niederschrieb, ob sie damit zufrieden sind, so wie es ist???

Über tredition

Eigenes Buch veröffentlichen

tredition wurde 2006 in Hamburg gegründet und hat seither mehrere tausend Buchtitel veröffentlicht. Autoren veröffentlichen in wenigen leichten Schritten gedruckte Bücher, e-Books und audio-Books. tredition hat das Ziel, die beste und fairste Veröffentlichungsmöglichkeit für Autoren zu bieten.

tredition wurde mit der Erkenntnis gegründet, dass nur etwa jedes 200. bei Verlagen eingereichte Manuskript veröffentlicht wird. Dabei hat jedes Buch seinen Markt, also seine Leser. tredition sorgt dafür, dass für jedes Buch die Leserschaft auch erreicht wird.

Im einzigartigen Literatur-Netzwerk von tredition bieten zahlreiche Literatur-Partner (das sind Lektoren, Übersetzer, Hörbuchsprecher und Illustratoren) ihre Dienstleistung an, um Manuskripte zu verbessern oder die Vielfalt zu erhöhen. Autoren vereinbaren direkt mit den Literatur-Partnern die Konditionen ihrer Zusammenarbeit und partizipieren gemeinsam am Erfolg des Buches.

Das gesamte Verlagsprogramm von tredition ist bei allen stationären Buchhandlungen und Online-Buchhändlern wie z. B. Amazon erhältlich. e-Books stehen bei den führenden Online-Portalen (z. B. iBookstore von Apple oder Kindle von Amazon) zum Verkauf.

Einfach leicht ein Buch veröffentlichen: **www.tredition.de**

Eigene Buchreihe oder eigenen Verlag gründen

Seit 2009 bietet tredition sein Verlagskonzept auch als sogenanntes "White-Label" an. Das bedeutet, dass andere Unternehmen, Institutionen und Personen risikofrei und unkompliziert selbst zum Herausgeber von Büchern und Buchreihen unter eigener Marke werden können. tredition übernimmt dabei das komplette Herstellungs- und Distributionsrisiko.

Zahlreiche Zeitschriften-, Zeitungs- und Buchverlage, Universitäten, Forschungseinrichtungen u.v.m. nutzen diese Dienstleistung von tredition, um unter eigener Marke ohne Risiko Bücher zu verlegen.

Alle Informationen im Internet: **www.tredition.de/fuer-verlage**

tredition wurde mit mehreren Innovationspreisen ausgezeichnet, u. a. mit dem Webfuture Award und dem Innovationspreis der Buch Digitale.

tredition ist Mitglied im Börsenverein des Deutschen Buchhandels.

Dieses Werk elektronisch lesen

Dieses Werk ist Teil der Gutenberg-DE Edition DVD. Diese enthält das komplette Archiv des Projekt Gutenberg-DE. Die DVD ist im Internet erhältlich auf **http://gutenbergshop.abc.de**

Zeitfracht Medien GmbH
Ferdinand-Jühlke-Straße 7
99095 Erfurt, Deutschland
produktsicherheit@kolibri360.de